语文教学方法创新研究

陈小青 ◎ 著

吉林出版集团股份有限公司

图书在版编目（CIP）数据

语文教学方法创新研究 / 陈小青著． — 长春 ： 吉林出版集团股份有限公司，2023.8

ISBN 978-7-5731-4230-6

Ⅰ．①语… Ⅱ．①陈… Ⅲ．①语文教学－教学研究 Ⅳ．①H193

中国国家版本馆 CIP 数据核字（2023）第 176539 号

语文教学方法创新研究

YUWEN JIAOXUE FANGFA CHUANGXIN YANJIU

著　　者	陈小青
出版策划	崔文辉
责任编辑	刘　洋
助理编辑	邓晓溪
封面设计	文　一
出　　版	吉林出版集团股份有限公司
	（长春市福祉大路 5788 号，邮政编码：130118）
发　　行	吉林出版集团译文图书经营有限公司
	（http://shop34896900.taobao.com）
电　　话	总编办：0431-81629909　营销部：0431-81629880/81629900
印　　刷	廊坊市广阳区九洲印刷厂
开　　本	710mm×1000mm　　1/16
字　　数	220 千字
印　　张	13
版　　次	2023 年 8 月第 1 版
印　　次	2023 年 8 月第 1 次印刷
书　　号	ISBN 978-7-5731-4230-6
定　　价	78.00 元

前　言

　　高校语文因其学科本身的工具性、人文性和综合性特征，铸就了它有别于其他学科的丰富内涵与深厚情怀。人们工作、学习、生活的任何内容都与语文息息相关。通过学习语文，尤其是高校语文的学习，不仅能提升学生的思维力与创造力，还能增强学生的文学鉴赏力与审美力，同时，语言运用能力的提升会使学生的精神世界更加丰富，情商更高，人格更完善，其作用是不可低估。但是，在实际教学过程中，高校语文教育教学却面临着严峻挑战。课程建设滞后、课时安排短缺、师资力量薄弱、教学手段单一、教学方法陈旧、师生兴趣不高等问题依然存在。面对新时代素质教育的要求和高校人才培养模式改革以及创新型人才的社会需求不断增加，如何更加科学有效地开设好高校语文这门事关中华民族优秀文化传承和新时代创新人才综合素质提升的文化基础课程，是一项值得不断探索的新课题和十分有意义的教育创新工程。

　　同时，高校语文既是实施人文素质教育的有效教学途径之一，也是文化素质教育的主要承担者，将高校语文作为必修基础课程是必要的。在讲授语文文化基础课程的同时，注重学生各专业课程的学习和培养，加强学生技能和综合活动能力的培养，等学生踏入社会后，能够显示出语文的应用性和实用性，这是高校语文的任务。高校语文教育如何定位，最新的教学模式在语文教学中如何应用，如何统整职业核心能力构建课程标准和考核评价体系等，都有待我们去继续深入研究、思考、实践。

　　由于作者学术水平有限，书中不免存在诸多不足，恳请各位读者提出宝贵的意见，以便今后不断完善。

目　录

第一章 导论

第一节 高校语文的性质

语文是"语言""文字"与"文章"的统一，是人们交流思想、传递信息、获取知识技能不可或缺的手段。由此可见，语文的工具性、人文性和综合性便成为了它的本质属性，其中包括高校语文。

一、工具性

工具性是高校语文的基本特征，在进行高校语文教学时，教材发挥着较为重要的作用。教师按照课程要求设计教学内容，使教学具有一定的科学性，从而使高校语文课程体现出工具性的特点。由于语文具有较强的实践性，在生活、学习中被广泛应用，并且还具有向其他科目渗透的趋势，因此，获取知识、养成良好的学习习惯是开展高校语文教学工作的主要目的。例如：学生学习过诗歌部分的内容之后，就能够了解对仗、押韵等诗歌特点，并能够在写作时应用这样的诗句，进一步提高自身语文应用能力。另外，良好的语文习惯是通过大量练习养成的，练习时主要依托的是语文教材，所以，语文教材便为高校语文教学工作提供了重要依据。

语文教材具有德育能力，让学生在学习中能够形成良好的人生观、价值观和世界观，并对人格品质的形成有一定的影响。由于教材内容中具有爱国主义色彩，学生学习这一类文章能够具备爱国情怀，例如《苏武传》《祖国，我亲爱的祖国》等文章，其能够发挥出工具性的作用，激发学生的爱国感情，感受中华文化。另外，高校语文中不少文章蕴含丰富的哲理，学生在学习过程中能够了解为人处世的方式，并能够发挥教材的人生指导意义，提高教学的有效性。

语言作为交流的工具，其内容具有大量的信息和知识，高校语文作为一门语言类课程，能够潜移默化地影响学生的文学能力，使学生能够在提高文学能力的同时启迪思想智慧。在教学的过程中，传统文化的弘扬和人文精神的塑造也是通过高校语文的工具性而实现的。例如：教师在带领学生进行写作练习时，学生会通过文字将自己的真情实感表达出来，鉴别假恶丑，弘扬真善美，使学生的语文综合能力得到进一步提高。

高校语文教材中的内容十分丰富，怎样才能转化为学生的能力，还需要教师在教学中对课程内容进行合理分析并整理，为不同需求者提供思想文化与语言技巧的丰富内涵与取向标准。但能否顺利实现工具性所体现出的文化与技巧功能，还取决于学生本身的兴趣爱好与教师实施的方式方法。由于高校学生的语文综合能力参差不齐，传统的教学方法会根据大部分学生的学习能力进行教学，导致部分学生语文成绩得不到提高，甚至还对失去了学习兴趣。为了合理利用语文教材，教师需要先了解学生的语文综合实力，并使用适当的方法进行教学，引导学生进一步了解语文课程，使学生逐渐树立正确的审美意识。另外，在教学的过程中，教师会对优秀作品进行重点讲解，使学生能够潜移默化地提高语文综合素养，教师在教学中有针对性地对学生进行指导，能够帮助学生感受高校语文中的美，使之树立健康的思想，掌握生动形象的语言表达技巧，从而发挥出高校语文课程的工具性作用。同时，教师在授课时，还需要先了解教材的整体结构，并根据教学需求设计教学内容，保障教学工作能够满足不同学生的发展需求。但由于部分教师对这一工作的重视程度不够，没有丰富教学内容，导致高校语文教材并没有发挥出工具性的作用，为了改善这一现状，需要提高教师的教学水平与重视程度，并根据学生的兴趣爱好、学习情况合理设计教案，使语文教学工作达到培养全面人才的目的。

二、人文性

人文性能够体现出人类文化精神，是文化精神和价值理想的统一。人文精神是以积极的价值信仰确定生命的意义，以正确的伦理观念培育人际关系，以崇高的理性精神探索存在的规律，以自觉的公民意识参与社会事务，以坚定的文化自信传承民族传统，以高尚的审美理想创造美的世界。人文性的内涵是将真善美作为核心价值追求，推动人类文明进程发展。大部分高校语文教材在编写时将汉语言文学的发展历史、民族文化等内容融入其中，使语文具有特定的人文性，学生在学习时，也能够感受到文章内容中的文化内涵，促进学生形成健全的人格品质，达到高校语文教学的目的。另外，高校语文课程内容中包括大量的历史、文化、哲学等文章，学生在学习时能够感受到中华文化的博大精深，能够满足学生的学习需求，进一步提高其语文综合能力。由于学习高校语文教材的教学对象为非中文专业的学生，故而存在部分学生对语文课程的兴趣不高，为了达到教学的目标，需要教师以提高学生整体文学素养为教学目的，对学生进行诱导教学，带领学生从多角度对优秀作品进行分析，使其能够感受文学作品的魅力，并得到感悟和熏陶。例如：在设计语文教学课程时，教师可以将文本中的人文特性进行分类，如仁爱、乡愁、自然等，通过这样的方法进行分类，学生能够同时学习到不同类型的作品，并激发学生内心的情感，强化学生对主题的认知。

语文教育是指导学生学习中华文化的主要活动，语文教材在编写时为了达到素质培养的要求，按照文体结构形式进行分类，例如：徐中玉通用教材分为十二个单元，学生在学习这一教材内容时，能够快速了解不同单元的结构模式、主体内容，使单元主题结构具有人文性特点，进一步提高学习效率；夏中义版的教材以人文性为主线，将课程内容分为十六个单元，为每个单元设计一个主题，并在文章之后增加相关链接，达到提高学生语文综合能力的目的，达到培养人文素养的目的。另外，部分教材在编写时按照文学结构进行编写分类，如：彭光芒版的教材按照发展顺序进行分类，使学生在学习时能够进一步了解文史知识，由于这一形式的教材较为系统，并具有人文性，所以能够帮助学生了解不同时期语文的发展情况，进一步提高语文教学效率。学生在进行学习时不仅能够提高其写作、表达能力，还能够通过文学作品提升民族认同感，使其了解中华文化中的人文性。

语言作为重要的思维工具，具有五千年的历史文化，是中华儿女的根。高校教育对个人的思维发展有一定的影响，由于高校语文教材中具有人文性的特点，能够承载其他教育意义，但由于部分教师对引导学生学习民族文化的重视程度不高，导致语文教学降低了自身有效性。为了改善这一现状，需要教师提高对其的重视程度，并按照教材内容、设计方式进行教学引导，进一步提高学生的民族感，使学生成长为具有民族根的人，达到开展高校语文教育的目的。另外，由于高校语文教材在编排时按照不同类型进行整理，能够提高学生的语文综合能力。但部分学生在学习一段时间后，会产生枯燥感，为了改善这一现状，提高语文教学的有效性，需要在教学时按教材结构合理设计课程，提高学生的学习兴趣，发挥高校语文中人文性的特点。

三、综合性

学生在高校阶段主动进行语文课程知识的学习，并成为学习的主导者与实施者，知识面不断拓展，综合素养不断提升，这一过程能够体现出高校语文的综合性。语文学科中的内容多样化的特点，使学习这一内容能够达到文化传承的目的，升华学生的精神文化。高校语文学科具有教育职能，教材内容包括文化、文学、哲学、历史、宗教等综合性内容，从文学的角度对高校语文教材进行分析，能够发现其中存在大量经典文学作品，使教材内容呈现出传统文化精髓。由于中国古代的道家、儒家思想均对文学有一定的影响，部分经典作品能够体现出道家、儒家思想，进而学生在学习时，能够感受到天人合一，展现出高校语文教材的综合性特点。另外，由于传统思想文化在今天依然具有较为重要的意义，进而在高校阶段学习语文时，能使学生接受传统文化的熏陶感染，提升自身语文综合能力。加之教师合理使用语文教材内容，结合历史文化的拓展引领，更能体现出高校语文综合性优势。例如：在设计《乡愁》这一课程时，为了激发学生的学习兴趣，教师需要在课程中融入政治、历史、地理等方面的知识，使课程具有拓展学生思维的意义。

由于中华传统文化将人生境界与审美境界联系起来，文学作品能够传达出这一内容，高校学生在进行语文学习时，能够感受到作品中的魅力，发挥出作品的优势。教师在进行课程内容讲解时，将文学作品内容含义延伸到社会生活中，达到精神文化传承的目的，发挥出语文教材综合性的意义。此外，教师在进行教学时，为了使学生可以进一步了解文本含义，会在讲解时引入实例，并创建相关的文学情景，提高学生的民族情感，帮助学生树立正确的人生态度，提高教学的有效性。高校语文课程具有不同的特点，并且语文教育的目的是育人，进而在进行教学设计时，需要对课程内容特点进行统一，并使用适当的方式进行教学，发挥语文课程综合性优势。

语文是一门综合性较强的学科，良好的文本分析能力能够提高其他课程的学习效率，直接影响其他课程的学习质量。人们生活、工作中都需要应用语文，高校学生虽然在先前学习阶段接受了 12 年的语文教育，但为了推动学生进一步发展，为今后的工作奠定良好的基础，需要在高校阶段继续学习语文。例如历史中具有重大成就的科学家，不仅在专业领域较优秀，还具有较强的文学鉴赏能力与良好的文字表达能力，保障其能够应用合适的语言表达研究成果，从而体现出语文的综合性和重要性。另外，学生在进入社会工作时，需要用语言陈述自身观点，表达自己的不同见解，可以说学习、工作、生活方方面面语文知识无处不在，不可或缺。一个能说会写的人无论在哪个行业都会受到重用，考察一个人的综合素质少不了必要的语文知识。部分教师在教学的过程中，为了提高学生的语文综合能力，在教学时将教学内容进行完善，并将其他知识内容与教材进行融合，进一步提高教学质量，体现出高校语文综合性特点。

第二节　高校语文的特点

一、知识结构的整体性

高校语文课程之间的教学要点、内容等部分存在一定的联系，并形成了相对独立的体系，包含了大量的语言、文学、哲学、历史、宗教、道德等知识，这一具有系统性的教材为高校语文教材。应用这一课程设计教案、课时，能够将总体学习目标与阶段性目标联系起来，从而体现出高校语文的整体性特征。

虽然高校语文教材具有不同版本，并且编者不同，教材结构划分、重点内容设计存在差异，但其知识结构整体性的特点是不可或缺的。例如：王步高版本的教材在编写时，按照文学史结构进行编写，版本中的小说部分，将文本按照时代进行划分，学生在学习时能够了解不同时段文学的发展情况、写作风格，进一步提高了学习的有效性。而且，学生在看教材之后自主学习小说类型的文章时，就能够自主分析文本写作风格、写作特点等内容，提高自身语文鉴赏能力。另外，高校语文教材为了体现知识结构整体性的特点，在对单元进行分类时，不同单元所体现的重点内容是不同的，教师在设计教学内容时，为了体现出知识结构整体性的特点，需要根据重点部分设计教学计划，学生在自主学习时，也能够重点学习重要内容，发挥出高校语文整体性的优势。但部分教材在设计时，没有将各个类型的文本综合整理起来，甚至部分教材的爱国主义情怀不强，难以达到培养学生爱国主义情感的目的，这是有待完善的地方。

高校阶段的语文教学时间较为灵活，并且可以贯穿整个高校课程体系中，虽然学生具有一定的语文学习基础，但大部分学生对语文综合知识了解不深，提升不够，为了提高教学的有效性，使教材知识结构具有整体性，大部分教材编写人员将课程内容按照结构类型进行分类，教师能够有针对性地进行课程讲解。例如：在学习散文时，教师会根据教材知识结构引导学生总结散文的特点、写作手法等内容，并引导学生进行自主创作，达到提高学生写作能力的目的，推动语文教学工作进一步发展，达到提高学生综合能力的目的。虽然运用这样的方法进行教学能够提高教学整体性，但部分教材中缺乏主题，课文之间的联系不强，教师在进行教学工作时，需要浪费较长时间整理教学内容，降低了备课效率，因此，教材的改进仍需加大力度以满足知识结构的科学性。

高校学生在学习高校语文内容时，由于大多数学生为非文学专业学生，语文综合能力不强，甚至存在语文知识不足的现象，在按照知识结构进行教学时，为了提高教学有效性，发挥知识结构的优势，教师需要在教学之前对这一部分整体结构进行分析，并为课程设定主题，使学生在教学中能够了解教学重点内容，进一步提高教学有效性。另外，由于部分学生对于古代文言文的学习兴趣不高，如果教材按照文学类型进行分类，会出现学生学习兴趣不高的问题。为了既避免这一问题发生，又使知识结构具有整体性，需要在课程结构设计时，将文章类型进行穿插，使一单元中既具有文言文又有现代文，调动学生的学习积极性，进一步提高教学有效性。在针对不同专业开设高校语文教学时，需要提高知识结构的整体性，并明确结构类型，根据学生的喜好进行设计，通过这样的方法设计教学内容，能够使学生转变对语文课程的态度，提高学习语文课程的积极性，促进高校语文教学工作进一步发展。

高校语文课程教学的主要目的是为培养学生的创造性思维，在教学时，教师会引导学生积极思考，并鼓励学生提高学习积极性，教学有效性。在教学过程中，教师可以设计开放性答案的问题，并引导学生进行相关整理，进一步提高教学的有效性，促进学生思维能力发展。

二、选文内容的经典性

高校语文的课程性质和学科定位，是高校语文课开设以来一直讨论的中心话题。与中学语文的区别，在高校学科系统中的地位，学生知识构成中的作用等，成为准确把握高校语文教学的前提。高校语文选文中具有的工具说、文学说、美育说、文化说、人文说、思想教育作用等功能，能够达到情感陶冶的目的，并发挥出选文的经典性。开设高校语文教育的主要目的是为提高高校学生的文化素质，在其中融入大量经典选文，不仅能够满足时代发展的需求，还能够体现出时代价值与社会意义，通过这一阶段的教育，高校学生能够熟悉和掌握传统经典，达到素质教育的目标。并且高校阶段语文教学内容较为重要，能够推动学生进一步提高自身综合能力，但部分高校目前使用的教材为通用本，由于使用时间过长，其中内容大都为古代文学作品，虽然这些内容较为经典，但由于部分学生对语文学习兴致不高，教材内容难以满足学生个体学习需求，导致课堂与学生之间存在一定的距离感，降低了学生的学习兴趣。学生在学习中对小说类的作品较为感兴趣，为了提高教学的有效性，需要教师在引入经典作品的同时，融入现代优秀作品。例如：《一只特立独行的猪》较受欢迎，并且其内容能够满足教学需求，为了使教学内容保持与时俱进的状态，并提高教学有效性，可以将这一作品融入教学课程中，使教学增加趣味性，并提高教学效率。目前使用的高校语文教材中，陈洪本版教材中的古代文学比重较小，但其古文内容较为经典，已经能够满足学生的学习需求，进而不需要再增加这一类型的文本内容。中文专业学习的教材在设计时，侧重于语言基础内容，其中包含大量较为冷门的知识，具有较强的专业性。

在教学改革不断推进的背景下，高校语文教学为了能够进一步发展，在选择教材时对选文内容进行了分类整理，并按照学生的喜好选择教学内容。例如：在对具有时代感的内容进行整理时，需要先将内容按照经典性进行分类，并将国内外优秀的文学作品融入其中，提高高校语文教材的有效性，为教学工作提供相关依据。在整理教学内容时，教师可以先将教学内容进行分类，并更换部分文选内容。教材部分内容虽然具有经典性，但由于难度较高，无法为学生进行系统的知识讲解，为了改善这一现状，需要优化教学内容。例如：陈洪本版的高校语文教材内容分配较为合理，并且其中存在较多经典文学，如《秦腔》《语言的功能障碍》等，这些既具有优秀文化传承性又能提高学生模仿能力的优秀选文就具有较强的感染力，进而在教学时能够提高教学有效性。

由于高校语文教材编写人不同，故而其编写思路、编写想法存在一定的差异，在其中应用的选文经典性不同，发挥的有效性也存在差异，例如：徐中玉版的教材内容注重提高学生能力，其中的内容开放性较强，学生能够应用这一教材提高自身语文综合素养；王步高版的教材在编写时添加了脚注，对部分较难的内容进行了整理，能提高学生的阅读效率，并且由于其对语文综合能力较为重视，进而在进行教材编写时，还将不同类型、不用结构的文本引入其中，并且选择的文本内容较为经典，学生在教师的指导下，能够很好了解文本的内涵，进一步提高教学效率，使教材能够满足学生的学习需求。

由于高校学生已经接受较长时间的语文教育，并已经具备了一定的文学素养，具备文章分析能力，但高校阶段的语文教育的主要目的是为进一步提高学生综合能力，教材中部分内容难以满足学生的学习需求，为了能够进一步提高教学的有效性，需要教师在授课之前对教材内容进行整理，并删掉部分不够经典的文本，引入能够满足教学需求的文本，提高教学质量。另外，由于部分教师的语文综合能力不强，文学积累不足以丰富教材内容，为了改善这一现状，发挥语文教材的优势，需要教师共同努力提高自身语文水平，加强教学信息反馈，改进教学方法，提高教学有效性，推动教学工作进一步发展。

三、人文精神的隐含性

高校教育具有人文素质教育的责任，进行人文教育能够使学生了解到人生的价值与自由意识，我国人文教育在发展中经历了化民成俗、转识成智的过程，并不断丰富人文精神，进而高校语文教学具有培养健全人格的目的。例如：高校语文《八声甘州》这一课中，虽然高中语文中包含了这一课，但高校教学中对借事抒情进行了深层次的讲解，表现出了课程中的隐含性。高校语文教材对教学质量有一定的影响，但由于部分教师对课程人文性的重视程度不高，导致课程中存在古文过多、课文含义分析不深刻的问题，导致教学缺乏有效性。为了改善这一现状，发挥出课文中人文精神的影响力，需要在备课时了解课文的含义，并设计教学内容。例如：为了提高教材整体质量，并提高学生学习兴趣的目的，需要将诗词、散文、戏曲中的人文性进行分析，并进行分类整理，使学生能够在学习中提高语文综合能力，发挥高校语文课程的有效性。为了深化教材内容的人文精神，需要在设计时引入大量的古代文学作品，提高教材设计的有效性。高校语文课程具有基础性的特点，高校阶段需要学习这一课程的学生一部分为理科生，其对于中国历史文化了解不足，进而在教学时，存在难以提高学习兴趣的问题，为了改善这一现状，可以在教材中增加科技说明文，将形象思维与抽象思维有机结合，让学生提高对其他领域的了解程度，进一步提高教学的有效性，提高学生的学习兴趣。

高校语文课程能够帮助学生了解社会，为日后的工作奠定良好的基础，进而在设计课程内容时需要选择贴近生活实际的内容，使教学具有一定的时代感。例如：教师可以在设计教案时，将生活中的人文精神实例与文本联系起来，并按照学生的个性爱好选择篇幅小、内容精练的文章，在教学时教师加以引导，使学生感受人文精神中的隐含性，发挥高校语文教育的意义，提高教学有效性。在网络快速发展的今天，网络作品质量不断提高，学生对其关注度较高，为了提高学生对课堂的关注度，可以在设计教学内容时适当将网络作品融入其中，引导学生自主分析作品优劣，提高学生对作品人文精神的了解程度，促进学生进一步提高语文综合能力。另外，应用这一方法设计教学内容能够引导学生关注社会生活，并产生一定的感悟，达到高校语文教学的目的。

高校语文教材在编写时存在一定的重复问题，并且部分课程内容与学生的实际学习能力不符，导致教学工作缺乏有效性，例如：部分高校语文教材中包含《锦瑟》《八声甘州》等内容，这些内容学生在高中阶段已经进行了学习。另外，由于部分教师在授课时引用的文章较类似，导致教学工作有效性不高，为了改善这一现状，需要教师日常多收集优秀文章，并在备课时引用较新的文献内容，进一步提高教学有效性，推动教学工作进一步发展。高校在选择语文教材时，需要先对学生的语文实际学习情况进行分析，并选择能够满足学生学习需求的内容，扩大应用范文的范围、类型，将教材中与高中内容相同的文章进行删减，在提高教学效率的同时提高教学有效性，进一步提高教学质量。

四、表达方式的审美性

高校语文教材将语言文学、文化知识进行整理，包含一定的思想文化内涵，并且高校语文课程为传播知识的载体，其结构本身与人的审美相符合，使学生能够进行情感交流。语言是人类沟通的重要工具，能够将自身的想法进行传达表述，随着中华历史的不断发展，语文课程内容不断完善，无论诗歌、散文、小说、戏曲，无论叙事论理、写景抒情，都不乏美文美句，对高校学生健全人格的塑造会起到直接的影响。并且由于高校语文的教学对象为非中文专业的学生，虽然其对教材难度需求不高，但需要更进一步提高自身整体的文化素养，为其他科目的学习理解提供良好的基础。教师在教学的过程中，需要加大引导力度，使学生能够通过学习优秀作品，提高课文审美感悟能力，并得到熏陶感悟，推动高校语文教学工作进一步发展。

　　语文教育是学习祖国语言的方式，这一行为具有人际交往、文化传承的意义，高校语文教育将中华五千年的历史进行了汇总，学生在学习时，不仅能够提高语言运用能力，还能够了解语言表达的审美能力，并提升民族认同感。每个国家在开展教育工作时，都将本国语言放在重要位置，使学生能够在学习时，进一步提高语言表达中的审美能力。但随着我国的国际竞争力不断提高，人们对语文教育的重视程度也在不断降低，甚至部分高校的语文科目被边缘化，高校语文作为弘扬中华文化的重要途径，需要得到大众的重视，才能发挥高校语文课程审美性的意义。

　　高校语文教材内容包括诗歌、散文、小说等形式，不同形式的文本语言表达形式存在差异，但学生在课堂中认真学习依然能够感受到作品中的美。在教学中，由于高校阶段的学生受过语文教育，其理解能力、学习能力较强，在教学时教师只需要应用美的规律对学生进行引导，使学生能够对课文表达方式中的美进行分析，获得一定的美的享受，并逐步具备正确的语文审美能力，达到培养全面人才的目的。另外，由于高校开展语文教学的目的之一为培养学生的审美能力，进而在高校课程教育时，教师需要引导学生把控审美标准，帮助学生形成心灵美、高尚美的分析能力，提高高校教学的有效性。

　　高校语文课程的主要任务为提高学生的语文综合能力，进而教材中的内容较为丰富，作品类型较为完善，在教学时教师会讲述写作背景、作者的生平事迹等，进一步提高教学的有效性，应用这一方式进行教学工作，学生能够了解表达方式中的美，并树立正确的审美意识。由于高校具有树立健康品质的教育职能，进而在进行语文教学时，教师需要根据学生的性格特点，构建适当的教学方法，保障教学工作能够使学生形成良好的审美情趣。但由于部分学生对语文课程缺乏兴趣，学习其他专业科目状态不佳，导致其语文综合能力没有得到提升，为了改变这一现状，需要教师在设计教学内容时，在教案中融入美的形象、意境。在教学时教师需要对学生加以引导，使学生能够主动分析课文含义，帮助学生养成良好的审美能力，为学生之后的学习工作奠定良好的语言基础。

　　在科技不断发展的背景下，为了提高高校学生对语文学科的重视程度，需要在教学时引导学生关注社会，思考语文学习的意义，提高对语文学科的重视程度。另外，在进行教学时，为了提高学生的综合能力，需要在教学时巩固其语文知识，并带领学生进行语文知识练习，使学生能够主动感悟语文表达方式，提高学生的综合能力。在进行教学时，为了提高有效性，教师可以将现代科技与语文课程内容相结合，以具有趣味性的方式进行教学活动，进一步提高教学的有效性，达到高校语文教育的目的。

第三节　高校语文的教学任务

一、增强母语感染力

母语是人们思维的载体，能够帮助人们进行知识的认知、问题的分析与归纳、思想的表达与信息的沟通。在高校阶段学习母语能够提高学生的语言表达能力，丰富学生的内心修养，并且学生的母语水平直接影响其思维能力和创造能力的发展，对学习其他语言也有一定的帮助。高校的母语教育目的为培养高素质语文人才，并且学校在进行语文课程教学时，需要按照教育部门的要求设计教学内容，发挥语文学科的特点，使高校能够顺应语文教育发展需求。由于中文是我们的母语，虽然学生在进入高校阶段之前，已经学习、应用了较长时间，但高校语文教育的主要目标为提高学生的语文综合素养，进而进行教学设计时，需要对阅读、欣赏、表达等进行科学设计，进一步提高教学有效性。但部分高校对语文教育的重视程度并不高，甚至没有合理安排教学课时，导致教学工作缺乏连贯性，难以达到教学目的。由于语文课程具有一定的整体性，为了能够进一步提高学生的语文综合素养，需要选择合适的教学方法，培养学生的审美能力。但部分高校教师还在使用传统的教学方法，由于教学形式过于枯燥，学生的综合能力没有得到明显提高，甚至缺乏学习兴趣，难以达到增强母语感染力的教学效果。进而在高校语文学习阶段，为了完成增强母语感染力的教学任务，需要教师在设计教学内容之前先了解学生的语文学习情况、学习能力，并研究课程设置、教学设计方式等内容，使教学工作具有针对性，以提高学生对语文的阅读、欣赏、理解能力，并掌握母语知识，推动学生进一步发展，进一步提高教学有效性。

由于高校语文课程具有系统化的特点，学生认真学习这一内容能够进一步提高语言表达能力，使学生能够熟练地应用语文知识。并且高校语文课程在教学时将培养人文精神作为目标，并以这一目的为依据选择教学文本，进一步提高教学有效性。但由于部分教师对这一工作的重视程度不高，导致教学工作的有效性不高，为了改善这一现状，需要教师在设计课程时，选择具有典范性的文本，并对学生的综合能力进行分析，合理设计能够启迪思想、实现道德熏陶的文本，使教学具有生动活泼的氛围，让学生对语文学习产生浓厚的兴趣，并达到增强母语感染力的作用，推动教学工作进一步发展。

由于语文教材在编写时，为了保障其既能够满足教学大纲的要求，又能达到母语教学的意义，需要教师将其中的工具性与人文性进行统一，使学生能够在适当的教学环境下提高语文综合能力，并提高对文学作品的赏析能力。但部分高校在开展语文教学时，并没有合理设计教学内容，导致教学内容过于理论性，难以提高学生的综合素养，这就需要进行语文教学改革工作，进一步提高教学的整体性，增强母语感染力，促进教学工作进一步发展。另外，开展语文教学工作，能够促进学生进一步提高语文综合能力，改变部分高校专业设置厚此薄彼的现象。高校语文教学中学生在学习文本之后能够形成良好的精神素养，并推动社会进步，提高综合能力。由于人们生活在汉语的环境下，并且语文科目对社会发展有一定的影响，为了使高校语文教学达到增强母语感染力的效果，需要优化教学文本内容，例如：教师可以通过社会发展、文化素质等几个方面选择文本内容，并在教学时对学生进行一定引导，使教学工作进一步提高有效性，提升学生对语文的欣赏能力。

二、提升艺术审美力

艺术审美力，又称艺术鉴赏力，是指人感受、评价和创造美的能力。审美感受能力指审美主体凭借自己的生活体验、艺术修养和审美趣味有意识地对审美对象进行鉴赏，从中获得美感的能力。艺术审美能力对学生的思想情操、思想情感的发展有一定的影响，并且高校学生即将面临就业问题，为了促进其进一步发展，依然需要合理开展语文教育工作，使教学达到提升艺术审美的效果。为了达到这一目标，需要教师合理设计教学内容，使学生具有发现美、创造美的能力。另外，由于教师具有美感教育的责任，进而在选择教材时需要按照马克思主义审美原则整理教学内容，并且由于文学家在创作作品时，会美化人物形象，学生在学习时能够逐渐拥有艺术审美力，并获得美的享受。在高校语文教学中，教学工作需要发挥语文学科中的人文性与基础性作用，进而提升学生艺术审美力，推动学生全面发展。但高校语文教学使用传统方法难以提高教学有效性，为了改善这一现状，需要提高教学针对性。例如：在教学时，教师需要先对学生进行基本审美能力的培养，并根据学生学习情况进行审美教学，使学生能够进一步提高对语言的感悟能力，从丰富的感悟中得到美的享受，提高高校语文教学的有效性。需要教师在教学时对学生进行必要引导，培养其勤于思考的习惯，为之后的学习、工作奠定良好的基础。

在高校语文教学中，为了进一步提高教学的有效性，需要在教学时帮助学生沉淀知识，并提高对文章内容的理解能力，了解文本内容情感，并将文本内容进行升华。例如：在学习《声声慢》时，由于学生接受了较长时间的语文教育，进而让其独立对文本进行分析没有问题，但为了发挥高校语文教学的优势，还是需要从审美角度引导学生进行分析，使学生能够感受李清照的情感，并融入诗人的精神境界，使教学工作达到提升艺术审美力的效果。

教师在教授高校语文时，为了达到提升艺术审美力的目的，需要合理设计教学内容，帮助学生对作品进行感悟。例如：教师在带领学生学习《荷塘月色》这一内容时，教师需要先带领学生分析作品内容，并让学生找到作品中传达美的关键词，并感悟美的哲理，达到美育的目的。另外，文学作品能够展现社会、思想等内容，例如：《当》这一文章中，学生在教师的引导下能够感受文章中描写的社会状态，感受到作品中美的力量，达到教育的目的。由于写作是语文教学中的主要任务，为了进一步提高教学有效性，需要教师在教学时加强引导，使学生能够充分感受到语文中的美，并延伸到生活实际中，使高校语文教学达到提升艺术审美能力的效果。通过这样的方式进行高校语文教育，学生能够在成长中逐渐形成完善的审美能力，促进学生心理健康发展。

高校语文教材内容具有多样化的特点，并且蕴含自然、社会等方面的美，在教学时教师需要将这一内容合理分配到教学工作中，使学生循序渐进地形成审美感受，领会作品中描写的美与丑，学生在学习时对生活实际进行分析，能够感受到提高人文素养的重要性，并发挥高校语文教学工具性的特点，进一步提高高校语文教学的有效性。另外，学生在高校阶段接受语文教学时，需要教师在课前整理教学内容，适当选择文本内容融入现实生活中，并引导学生总结其中的美，使教学能够发挥出美育的作用，提高高校语文教学的有效性。

三、优化语言表达力

高校语文，无论是叙事状物、言事说理，还是抒情言志，所选文章均为经典之作，语言运用规范且艺术，对学生语感培养很有帮助。由于语文内容具有实践性的特点，人们的日常生活离不开语文，并且随着社会的不断进步与发展，语文的应用范围不断扩大，已经逐渐向其他领域渗透。因此，专家学者认为语文教材具有培养语文能力的作用，在进行教材编写时，将基本功能作为出发点，注重语言的工具性与美学性特征，提高了教材编写质量。另外，为了能够发挥出高校语文教材的教育职能，需要合理设计教学目标，使学生能够在长期学习中养成良好的学习习惯，并改善教学效果。由于培养良好的语文学习习惯需要进行不断的练习，而练习的依据为语文教材，这就需要教师应用教材带领学生进行听、说、读、写等实践活动，通过具体的语言环境锻炼学生运用语言的能力，促进学生养成良好的学习习惯。并且在教学时，为了能够进一步提高教学有效性，教师需要带领学生学习其他选文内容，例如：学习古诗词时，需要应用其他内容分析对仗、押韵等相关韵律知识，使学生能够提高对语文教学内容的了解程度，并提高语文实际运用能力。

在高校阶段进行语文教学对学生综合能力发展有一定的影响，在进行语文教学时，需要在教学之前合理设计教学内容，从学生实际能力与智力发展需要出发取舍内容。例如：教师在教学时为了达到优化学生的语言表达能力，提高教学的有效性，需要先将教学课程进行分类整理，并在教学中添加不同形式的文本，带领学生进行语言表达能力练习，进一步提高教学质量。发挥出高校语文教学的意义，需要教师在教学之前了解学生的实际学习情况，因人而异设计教学内容，达到优化语言表达力的作用，促进高校语文教学工作进一步发展。

由于语文的特点主要表现为语言表达，在进入高校阶段之后，为了能够发挥出语文教学的优势，需要重新进行设计，使教学具有科学性，并能达到优化语言表达力的目的。例如：教师可以在教学之前对课程内容进行合理设计，在课程中融入诗歌、散文、小说等文本，使学生能够进一步了解到文学形成的过程，在教学中教师可以带领学生进行写作、阅读训练，提升学生的人文素养与道德品格，进而提升语言使用效果。另外，在教学的过程中，由于部分教师的重视程度不高，没有对课程内容进行优化设计，导致教学有效性不高，需要教师根据学生的学习情况、综合素养，进行整体教学设计。

高校语文教学中，为了达到优化语言表达力的教学目标，需要教师在教学中带领学生进行文本翻译、内容分析等工作。另外，在进行教学时，为了潜移默化地优化语言表达力，需要教师合理设计课后作业，使学生能够将课程内容与生活实际联系起来，具备良好的语文综合素养。但部分教师在进行教学设计时，对教学内容连贯性重视程度不高，需要教师在教学之前先设计教学总体构架，并按照教学要求进行引导教学，使教学具有优化语言表达力的意义。

四、激发开拓创新力

创新是一个民族的希望，是社会文明的象征，随着社会经济的不断发展，教育的创新起到引领示范的作用。为了推动我国教育事业进一步发展，教育部制定了各级教育发展规划，对教学改革发展进行了科学规划，这一工作将推动社会经济进一步发展，进而促进人才发展，带动文化、社会发展。高校承担着创新型人才培养的重任，需要在学科教育教学中实施创新工程，以科技创新人才培养为主，对学生进行素质教育，提高教学的有效性。当高校在进行语文教育时，为了使教学工作提高有效性，需要按照教育要求设计教学工作，达到培养学生创新能力的目的。在对高校语文教学进行设计时，可以应用问题教学法设计教学内容。例如：在具体教学过程中，教师可以先带领学生分析文本情感，并向学生提出与教学内容有关的问题，激发学生的创造性思维。另外，在教学中营造创新氛围能够进一步提高学生的学习积极性，并培养学生的创新能力，为之后的学习工作奠定良好的基础。

在高校阶段进行语文素质教育，能够激发学生的学习潜能，并使学生提高自身创新能力，形成全面发展型人才。高校教育的主要任务为提高学生的创新能力、实践能力，使学生能够满足时代发展的需求。为了达到这一目标，需要将培养创新能力工作放在重要位置，并整理教学内容。例如：在教学的过程中，教师需要引导学生思考解决问题的方法，使学生能够养成创造环境和解决问题的能力，推动学生形成完善的人格，达到素质教育的目的。在高校语文教学时，为了能够进一步提高创新能力，需要教师使用新的教学手段、教学方法进行教学工作。为了全面提高综合素养，需要提高人文艺术知识，了解思想家的智慧、人文知识、自然景物等内容，促进学生思维能力发展。另外，高校语文课程内容形式具有多样化的特点，并且形式类型较为丰富，学生在学习时，能够具备较为完善的形象思维，提高教学有效性，并激发开拓创新力。

高校语文教学中，由于学生的创新能力存在差异，导致教学工作难以稳定运行，为了改善这一现状，需要教师在教学时引导学生去分析作者的思维成果，并以作者的思维方式进行思考，提高教学的有效性。另外，为了使教学达到激发开拓创新能力的目的，需要教师在教学之前对文本内容进行全方位的审视，并将自身作为发现者、研究者了解文章内涵，在教学时教师需要带领学生进行课程内涵分析工作，潜移默化地影响学生的思维能力，进一步提高教学的有效性。教师在设计教案之前对学生的实际学习情况进行分析，并选择合适的文本引入教学中，带领学生分析教材中思想情感，逐渐形成较为完善的课程内容，使学生提高学习兴趣，并激发开拓创新力，达到高校语文教学的目的，推动学生进一步提高语文综合素养。在教学中，教师在教学时需要按照相关教学标准、课改需求设计教学形式，推动教学工作进一步完善，并达到激发学生开拓创新能力的目的。

五、丰富人文知识素养

人文素养中的"人文"，可以作为"人文科学"进行分析（如政治学、经济学、法学、社会学、伦理道德等），而"素养"是由"能力要素"和"精神要素"组合而成的，进而可以了解到人文素养是人文科学的研究能力、知识水平和人文科学体现出来的以人为中心的精神，即人文知识对人的熏陶感染经过个人内化升华后所表现出来的人格、气质及修养。高校语文教育是我国民族文化的载体，高校学生通过学习，可以陶冶情操、感悟人生、丰富感情、完善人格，促进人文素养的形成与发展。

由于高校学生是推动社会发展的重要力量，为了提高教学工作的有效性，需要对高校语文教学工作进行优化，把教学重点放在学生人格、气质、修养的培养上，并通过优秀作品潜移默化地影响学生的个人素养，逐渐形成良好的个人品质，为今后工作、学习奠定良好的基础。但由于教材版本不同，其中的结构设计存在一定的差异，需要教师在设计教学内容时注重中华优秀传统文化的传播，并将这一内容与教学工作进行有机融合，使学生能够在语文学习中形成相对稳定的内在品格，激发学生的爱国情怀。例如：高校可以定期开展教学讨论会议，教师共同对教学内容进行整理，并在其中融入适当的传统文化；在教学时教师可以为学生多讲解一些经典的文学名著，开阔学生视野，提高教学效率，使高校语文教学具有丰富人文知识素养的意义。

由于教学氛围对学生学习积极性有一定的影响，为了能够进一步提高教学科学性，需要教师在设计教学内容时将文学、哲学、历史、宗教、文化、思想道德等内容融入其中，并对教学结构进行优化调整，使教学工作具有培养学生道德素养的目的，并在潜移默化中提高学生的民族自尊心和文化自豪感。部分古代文学作品具有较高的精神品格和理想，为了使教学工作达到丰富人文知识素养的目的，需要在教学中加强古代文学的教学，因为非中文专业学生的古代汉语知识相对欠缺。例如：在教学中教师可以将《典论·论文》《左传·襄公一十四年》等具有高尚理想的文学作品融入教学工作中，进一步提高教学质量，发挥高校语文教学开展的意义。现代文学中同样有许多人文素养极高的文学家，例如鲁迅、郭沫若、茅盾、巴金、老舍、曹禺等，他们的作品是人文素养教育中不可多得的典范。还有部分当代作品展示了社会中的矛盾与人文知识，进而为了丰富教学内容需要教师在设计教学内容时将这部分文学作品融入其中，使学生在学习时能够进一步提高人文知识素养能力。

由于高校阶段进行语文教学工作具有德育功能，学生能够通过相关文本了解文章中的价值观、人生观等，教师在这一阶段可以对学生进行适当的引导，使其树立正确的信念，形成丰富的精神世界。实践证明，空洞的政治说教是苍白无力的，潜移默化的精神感化犹如春风化雨、润物无声，但繁花似锦。另外，在教学中为了发挥丰富人文知识素养的作用，需要有针对性地选择教材内容，例如：教师可以选择《离骚》《苏武传》等内容对学生进行爱国主义教育，学生在接受教育之后能够丰富人文知识素养，并提高道德修养。并且由于高校语文教材具有理想情操教育的能力，在教学中教师选择适当的内容能够帮助学生树立正确的人生观，提高为人处世能力。高校阶段的语文教学还需要对学生进行语文基础教育，提高学生的语文综合能力，但由于部分高校教师对这一工作的重视程度不高，甚至没有合理设计教学内容，导致教学工作难以丰富人文知识素养，为了改善这一现状，需要教师合理选择文本内容，并帮助学生自主思考自身的不足，弥补缺陷，扎实基础，完善知识，提高素质。

第四节　高校语文教学的基本理念

所谓理念，是指人们观察问题、分析问题和解决问题所依据的原理和观念，或者说是原则和准则。语文教学的理念就是语文教学活动的指导思想和行为准则。

《语文课程标准》中关于语文课程的基本理念有四个方面的要求：一是要全面提高学生的语文素养，二是要正确把握语文教育的特点，三是要积极倡导自主、合作、探究的学习方式，四是要努力建设开放且有活力的语文课程。根据这四点要求，我们把语文教学的理念概括为三句话：人文关怀是语文教学的最高价值追求，个性发展是语文教学的根本指针，回归生活是语文教学的必然途径。

一、语文教育的人文关怀

语文教育要促进个体的身心和谐发展，要使个体的发展过程获得精神上的价值和人生上的意义。也就是说，个体通过在语言上的学习和训练，文学上的熏陶和习染，不仅要获得各种知识和技能，而且还要体验各种深刻的人类情感，唤起自身的主体意识，从而追问人生的意义，探寻人生的道路，形成独特的人生态度。我们把语文教育的这种功能称之为语文教育的人文关怀。

语文教育目标是整个基础教育目标的有机组成部分，对于培养德智体美劳全面发展的社会主义建设者和接班人具有重要的导向作用。语文作为一种兼具人文性和工具性的综合性学科，在人的发展过程中起着核心性的决定作用。同其他学科相比，语文教育除了要完成一般学科必须共同承担的智育任务之外，还要密切关注审美教育、人生观教育与人格教育，并以此作为自己的最高价值追求。语文学科这种人文关怀的功能是其学科独特性的根本要素，也是语文教育目标的最高追求。我们把语文教育的人文关怀的功能提到这么高的位置，一方面取决于对语文学科性质的深刻洞察，另一方面又取决于对人的最终发展目标的深刻认识。人的发展的最高境界是精神上的自由和解放、人格上的完善与独立，而所有为此目的所进行的知识的学习、技能的训练、能力的获得及社会生活的实践等工具性行为都必须服从这一最高目的。要实现人作为发展手段的工具价值到作为发展目的的精神价值的飞跃，必须通过人文教育的洗礼。在现行基础教育体制中，语文教育只有自觉地承担起人文教育这一历史使命，把人文教育贯穿到整个语文教育过程中去，关注人的精神世界的构建和人格的养成，才能为人的全面发展开辟新的道路。

（一）语文教育的人文精神价值

人文精神不是徜徉流溢在语文教育本体之外的美丽动人的幻影，而是发自语文文本之中的人性之光。它飘忽不定、难以捉摸，是因为它只对那些敏感睿智、关注内心精神生活的心灵展现自己的魅力。它至刚至大、吐纳宇宙，是因为它超然于万物之上，寄身于纯真、至善、完美之境。

语文教育的人文价值，从静态的文本分析来看，文学与人生的关系是它的集中体现。

吴宓教授指出哲学是汽化的人生，诗是液化的人生，小说是固化的人生，戏剧是爆炸的人生。文学与人生这种水乳交融、血肉一体的内在联系，使文学成为人生的另一种存在，尽管它不是社会现实本身，但却比社会现实更加真实、深刻、感人。人们更多的是从文学艺术创作这面镜子中发现并认识了人自身，因此，文学就是人学。

文学把人的精神不断地引向光明和崇高，是文学在维护着人类那脆弱的社会良知和道德心，也是文学在不断地拓展着感性人生的丰富性与多元性，捍卫着人类理性的尊严和纯洁。因此，语文教育一定要重视文学作品的人文教育价值，把语文教育从工具中心论中解救出来，还其人文教育的本来面目。

语文教育的人文价值，从动态的教学过程来看，其人文性主要体现在师生关系的民主性、文本解读的多元性、写作训练的生活化上。只有以民主化的师生关系作为教学的前提，才能充分激发调动师生方面的积极性，使语文教学充满生命的张力，从而对文本展开开放性、多元化、个性化的阐释，释放出文学作品中深层的人性力量，引发情感上的共鸣，启迪思想上的解悟。

（二）语文教育目标的人文追求

语文教育成为人文精神之载体。因此，人文关怀理应成为语文教育之鹄的。语文教育目标是一个有机的整体，按现在比较流行的观点来看，它由德育目标、智育目标、美育目标三部分构成，而这三个目标之内又有更细致的分目标。人文关怀同它们之间是一种什么关系呢？这是我们应该解决的根本性问题。

人文关怀作为语文教育的最高目标，它不等同于技术操作层面的教学要求，而是着眼于语文教育根本性的价值导向。也就是说，人文关怀与现行的语文教育目标体系不属于同一层面的问题。前者植根于语文教育本体论，后者立足于语文教育方法论，前者制约语文教育的根本价值取向，后者决定语文教育实践的进程与开展。因此，人文关怀不可能以技术化、操作化的方式单独地起作用，它只能以精神导引的方式进入语文教育目标体系，通过影响语文教育目标系统的内在调节与协作间接地发挥作用。

坚持语文教育的人文精神的价值取向，那么，语文教育的德育目标除了重视传统的政治品质、思想品质、道德品质、个性心理品质等发展目标之外，还要关注人的主体性发展、人格的完善、精神生活的和谐。在智育目标上，除了重视传统的知识、能力、智力发展之外，还要注意智力与非智力因素的协调发展、情感陶冶与生命体验。在美育目标上，除了重视传统的审美知识、审美能力的发展目标之外，还要尊重个体的审美经验、审美感受，激励个体的审美想象、审美创造以及倡导对人生的审美观照、对人格的审美塑造。也就是说，人文关怀是语文教育手段与工具的灵魂，人的精神发展是所有操作性目标的最终归宿。

语文教育人文关怀目标不是空洞的口号，它既具有悠久的精神价值传统，又具有生动具体的时代内涵。作为一种优良的文化传统，它孕育了生生不息的人类文明；作为一种新兴的社会思潮，它发出了振聋发聩的时代呼声。吴宓提出的文学教育八个方面的作用，便可以作为传统语文教育人文关怀目标的历史性总结：涵养心性、培植道德，通晓人情、洞悉世事，表现国民性，增长爱国心，确定政策，转移风俗，造成大同世界，促进真正文明。面对 21 世纪风起云涌的社会变革，人文精神的时代风貌也将经历时代性的转变。

英格尔斯提出现代人应具备的 14 个特征，归纳起来主要有三个方面：第一，现代人具有开放性，乐于接受新事物。他们准备和乐于接受他们未经历过的新的生活经验、新的思想观念，准备接受社会的改革和变化。他们思路开阔，头脑开放，尊重并考虑各方面不同的意见和看法。第二，现代人具有自主性、进取性和创造性。他们注重现在和未来，守时惜时。他们有强烈的个人效能感，对人和社会的能力充满信心，办事讲求效率。他们尊重事实和验证，注重科学实验，认真探索未知领域，不固执己见。第三，现代人对社会有责任感，能正确对待别人和自己。他们能相互理解，能有自尊并尊重别人。他们有可依赖性和信任感，不相信命运不可改变，而认为依靠社会力量能使人生活得更好。语文教育的人文性应着眼于新世纪创业者人文素养的培植。我们把新时代的人文精神的内涵概括为以下八个方面：人格健康、高创造力、主体意识、求实求真、乐于竞争与善于合作、个性和谐、乐观开放、热爱生活。这八个方面是新价值观的具体体现，也是未来人才培养的方向和标准。以此为基础，语文教育的人文价值应包含以下几个方面：

（1）引导学生走近生活、观察社会、体悟人生。帮助他们形成乐观开放、乐于竞争与合作的人生态度。

（2）培养学生的人文品质，继承民族文化传统，汲取现代文化精髓，奠定文化底蕴。

（3）陶冶学生的情操，启迪学生的悟性，培养学生的批判思维和创造思维，让其形成健全独立的人格。

（4）培养学生的主体意识，确立学生在教学过程中的主体地位，发挥学生学习的主动性、能动性与创造性。

（三）人文意蕴的开掘

语文教育中人文价值目标的最终实现取决于语文教育实践的正确走向。从语文教育过程的展开来看，选择文质兼美的教材，加强语文教学过程的审美性，立足现实生活，激发学生的自我表现与表达，是开掘语文教育人文价值的有效途径。是否符合文质兼美的标准，是制约语文教育人文关怀目标实现与否的关键因素。选文是否具有深刻的思想文化内涵、广阔的文学视野、浓郁的人文情怀，直接决定着语文教育人文性的深度、广度和力度。桃李不言，下自成蹊。文质兼美的选文作为人文精神最好的寄寓之所，对于培养学生的人文精神具有本源性决定作用。

我们认为，文质兼美应包含以下几层基本含义：

1. 文道兼美，一多并举

我们不仅要求选文在思想内容与语言表达做到有机统一，而且还要求选文在思想内容上具有深刻的文化意义、人文意蕴和审美价值，在语言表达上生动准确、隽永晓畅、富有个性。这样的文道观对于语文教材的选文标准才具有真正的实际意义。

文道兼美的选文标准，并不意味着把文道关系限定在狭窄的意识形态、伦理道德和正统文论的域界，而是应该一多并举。从"道"的标准来讲，"一"指的是教材选文应体现人类所崇尚的以真善美为代表的终极精神价值；"多"指的是选文要体现人类思想文化的丰富性、多元性、开放性。我们应以一种博大的文化胸襟和高远的发展眼光来看待文章的思想文化内涵，切忌鼠目寸光、意识狭窄。在选文中，既要有传统的政治伦理教化内容，还要有体现人类普遍的精神价值追求的内容；既要有以明道为旨归的皇皇之论，还要有抒发个人性灵的小品佳作。从"文"的标准来看，"一"指的是选文的语言表达，必须规范、准确，具有代表性、示范性，思想内涵必须源于生活、积极向上；"多"则是强调语言艺术特色的多样化、个性化和风格化，文化内容的开放化、立体化、层次化。唯其文思泉涌、灿烂其华，方能风行水上、自然成文、行而广远，也只有放眼宇宙，博采万物之精华，才能广开眼界、启人心智、有益身心。

2. 内外兼顾，和谐统一

教材选文，作为语言学习与文化陶冶的范本，应具有内外两个方面的价值，本体价值与工具价值，即精神陶冶价值和语言教育价值。只有做到这两种价值的有机统一，才能体现文质兼美的全面要求。选文的语言教育价值体现在对学生听说读写等基本语文能力的培养上，而精神陶冶价值则立足于学生的精神发展、人格完善上。这两者是相辅相成、互为依存的。因为，从文章本身的统一性来看，语言因素与思想因素是水乳交融、不可分割的。没有思想的语言表达没有实际意义，脱离了语言轨道，人的思想同样难以表达。从学生语文学习过程的综合性、复杂性来看，学生的语言发展同学生的思维发展、思想成熟、精神成长有内在统一性。它们之间相互影响、相互作用、和谐共存、共同发展。脱思想教育、精神陶冶的语言训练会使语文教育变得枯燥乏味、机械生硬；而脱离语言训练的思想教育同样会把语文教育变成迂阔的道德说教、政治灌输。因此，选文的这两种价值标准不可偏颇，应当兼顾。

3. 兼顾选文内外价值的和谐统一

除了独具慧眼外，还要具备科学的编辑加工能力。选文的编排、教材体例的选择、语文知识的穿插、课后作业的设计等环节，都应该体现选文内外教育价值的统一。既要避免唯知识智能训练为中心，也要防止唯主题思想分析推理至上。教材的编辑加工向来不被重视，而只被看作是一种技术性的工作。其实这是一种错误的看法。它是展开语文教育价值、实现语文教育目标的重要途径，它需要以正确的哲学观、教育观、心理观为指导，以语文教育的内在规律、师生相互作用的互动模式作为依据，并要对语文知识掌握、能力发展与精神发展的内在统一关系有深刻的洞察与理解。它既需要有哲学的眼光，又需要有科学的程序，还需要有艺术的手法。从选文到编排，从封面到插图，从设计到印刷，所有步骤都关系并涉及到教材的质量和生命。因此，文质兼美不只是一种对文本的内在要求，还是一种指导具体编辑工作的根本原则。

4. 开放思维，审美观照

人文精神从某种意义上讲又可以理解为人类对真善美孜孜不倦的价值追求。因为真善美代表了人类精神的最高境界。这种追求不仅仅包括对知识形态的科学、道德、美学领域的探索，它还指向人类在获取这些知识的过程中所孕育滋生出来的科学精神、道德意识和审美体验。其中，审美体验不仅具有相对独立的价值意蕴，而且还是科学精神与道德意识所追求的最高境界。美存在于自然之中，而科学的发现，不仅指向知识，还要关注审美体验。在道德与审美的关系上，审美同样是道德境界的需求。古人强调"文以载道""文以明道"，其用意也在于此。只有把抽象的道德规范和理念渗透到由文学语言所塑造的美好的道德理想人格形象中，才能使个体获得道德实践的驱动力。审美是沟通知识和德行的津梁，是培植人文精神的必由之路。语文教育要走向人文关怀，就必须要通过开掘隐含在文本中的真善美精神价值以唤醒激励学生的求知、向善、爱美之心，通过审美教育塑造他们的人文精神。

5. 语文教育的审美观照，尤以阅读教学为重

语文阅读活动中的审美教育是美学在阅读活动中的具体应用。它的任务和作用是按照美的规律，用美的信息去激发、引导阅读活动的主体——学生的审美心理和情感，培养学生符合人类崇高理想的审美意识，帮助学生获得健美的心灵和高尚的审美情趣，使他们在开放的语文阅读活动过程中能够逐步形成正

确的审美观念和健康的审美品质，把握辨真伪、识善恶、分美丑的正确的审美，提高学生的审美素质和审美能力，以培养全面发展的人。语文阅读活动与审美教育有着难解难分、血脉相承的特别关系。加强审美教育有助于提高语文阅读质量，深化语文阅读效果。语文教材编选的课文，大都是依照美的法则创造出来的"文质兼美"的典范佳作，是集中反映社会、艺术、科学、语言等客观美的结晶。文章精美的语言，展示出崇高的美的艺术境界，而好的艺术境界本身，又丰富并加强了语言的艺术表现力。在阅读活动中，一方面可以抓住精彩传神的关键性字词语句，把学生引进它所展示的优美境界，使他们在美的艺术享受中受到熏陶，提高审美能力；另一方面，又可以抓住令人心灵颤动的意象、情境和形象，引导学生反转过来深入体味、领悟文章中高超的语言艺术技巧，提高运用语言表情达意的能力。语文教师要充分利用文章的美学意境，创设审美情境，善于敏锐地发掘文章中的美点，揭示深蕴其中的审美情趣；要善于借助审美意象，启发学生的审美想象，根据文本的特点设计审美议题，以诱发学生的审美体验；还要确定审美目标，指导学生展开审美鉴赏活动。使用各种手段，把学生引入美的艺术境界，诱发学生联想探求，观察体验，既对学生进行了审美教育，又把审美教育和语文阅读活动有机地交融在一起，使学生能够深入理解了课文，提高了阅读效果和质量。在这种活动中，教师要从各种不同的审美角度、不同的审美层面引导学生深入地分析和理解。这样既可以使学生受到审美教育，又有助于学生对课文从表层性的体味感知到深层性的领悟理解。

二、语文教育的个性发展

（一）语文教育个性发展的内涵

人的发展的核心是个性的和谐发展。语文教育在学生的良好个性的形成与发展中扮演着主导性角色。传统语文教育在这方面存在着一定的缺陷，没有认识到语文教育对个性培养的重要意义，在教育理念和实践中都陷入了机械化的教育模式，过分追求语文教育的应试价值，忽视了语文教育在个性培养方面的积极作用。

斗转星移，教育日新，放眼海内外，个性教育已成为世界教育改革所关注的重大主题。"儿童中心教育学"认为，"每个儿童有其独特的特性、兴趣、能力和学习需要"，儿童之间存在差异是"正常的"。因此，学习必须据此来适应儿童的需要，而不是儿童去适应预先规定的、有关学习过程的速度和性质的假设，儿童中心教育学有益于所有的学生，其结果将有益于作为整体的社会。

我们认为，"儿童中心教育学"概念的重申，表明国际社会在宏观的教育理念和教育政策上确立起了个性发展的方向。那么怎样理解个性发展？

1. 个性是完整的，创造力、想象力等品质是个性健全发展的表现

把一个人在体力、智力、情绪、伦理各方面的因素综合起来，使他成为一个完善的人，这就是对教育基本目的的一个广义的界说。因此，个性是道德、体力、智力、审美意识、敏感性、精神价值等品质的综合，是一种"复合体"，即一个完整的人，不能把某一种或某几种品质从完整的人中分离出来孤立地培养。所以，为了培养人的想象力和创造性，应首先培养"自由的人"，这应该向青少年提供一切可能的美学、艺术、体育、科学、文化和社会方面的发现和实验机会，而不应该只是局限于短视的功利需求。

2. 个性是独立的、具体的、特殊的

尽管个性发展离不开与他人交往，但每一个性都首先具有内在的独立性。每一个人都有其独特的发展史，因此每一个人都是具体的、特殊的、活生生的。

每个人都有自己的历史，这个历史是不能和任何别人的历史混淆的。每个人都有自己的个性，这种个性随着年龄的增长而越来越被一个由许多因素组成的复合体所决定。这个复合体是由生物的、生理的、地理的、社会的、经济的、文化的和职业的因素所组成的。

3. 个性发展内在地包含了社会性的发展，每个人的发展也必然带来整个社会的发展

把个性发展与社会性发展、每个人的发展与整个社会的发展孤立起来、对立起来或并列起来，都是二元论思维方式的产物，都不能正确理解个性发展的本质。

4. 个性发展是一个无止境的完善过程

人和其他生物的一个重要区别是人的"未完成性"，即是说人的生存是一

个无止境的完善过程和学习过程。终身学习不只是社会要求，还有着个性发展的内在需求。由此看来，追求学习者的个性发展是世界教育改革或课程变革的重要趋势。从本原上看，每一种个性都是完整的，亦是独立的、具体的、特殊的。因此，培养个性应尊重个性的完整性、独立性。个性发展内在包含了社会性，因此个性的成长是在生活中、在持续的社会交往中进行的。个性发展是无止境的完善过程，因此终身学习应成为每一个人的内在需求。在我国，当代教育改革也在 20 世纪 80 年代后期把个性培养列为教育的主题与使命之一。把发展人的个性作为教育的培养目标，因为教育在今天只有赢得了个性和个性发展，才能赢得社会发展的未来。个性教育，就是真正的、具体的、独特的人的教育，就是使一个生物意义上的实体不仅获得社会性、文化性，更是获得自身独特性、自我确认性的过程。因此，语文教育凭借其自身的人文学科优势理应成为个性教育的核心，发挥出中流砥柱的作用。

（二）语文个性教育的作用

1.语文个性教育的价值追求

语文个性教育的价值观是语文教育功能观的直接反映。汉语文教育有其独特的功能和价值，其功能和价值又具有多层次复合性。

功利本位与人文本位是最能概括当前各种对立观点的一对范畴。功利本位论强调把语文教育的功利性放在首要地位，把学生对汉语的听说读写水平和能力作为语文教育追求的根本目的，突出语文教育的工具价值。在此前提下，他们一般不反对语文教育的人文价值，甚至还十分强调语文教育的教化作用。人文本位论则认为语文教育的最大功用在于教化，最大价值在于弘扬人类和民族的优秀文化传统和人文精神，培养学生健康的人格。在此前提下，他们一般也不反对语文教育的工具追求和工具价值，甚至认为人类精神传递的前提是对语言文字工具的掌握。

汉语文教育的特点决定了汉语文教育的功能绝非单一功能，而是复合功能。所谓复合功能，就是将语文教育的各种功能有机地整合为一体的功能。汉语文教育的复合功能则由两大类要素组成，即由工具性要素和人文性要素组成为复合功能球形图，两类要素组合之间不存在孰先孰后、孰上孰下的问题。

工具性要素的主要内涵是：听说读写、知识方法、思维。人文要素的主要内涵是：情思、审美、伦理、历史文化。工具性要素和人文性要素之所以能够合二为一，关键在于中介要素的作用，中介要素就是汉字和汉文，其作用就是语文教育过程。通过汉字汉语的教育，使要素之内涵发生联动和整合，使两大类要素产生有机连接和整合。汉语文教育的复合功能是一个有机的开放的组合系统，是一种弹性机制，它在信息交换过程中不断地做出自己的选择和应对，系统也会因此发生相应的变化。汉语文教育的复合功能铸就了我国民族文化特性，发挥了全面综合的素质教育作用。汉语文的复合功能观念对于语文个性教育价值观的构建起了决定性的作用。语文个性教育的核心就是要通过语文教育去促进学生的个性和谐健康发展。它打破了以往单功能观的狭隘视野，把语文教育置于一个更为广阔互动的历史文化背景之中，突出强调了语文功利性价值与人文性价值之间互为依存、相辅相成的血脉一体的内在联系，从而为人的个性发展铺就了一条更为切实、明确、广远的通道。

语文教育的多功能整合观很好地协调了语文教育的工具性价值和人文性价值、内在价值与外在价值，把个性教育与社会需求有机地结合起来，这对于培养符合社会需要的良好个性品质起到了积极的促进作用。因此，多功能复合的语文教育价值观是语文个性教育的重要理论基石，在当代具有重要的现实意义。在新世纪里，语文个性教育的价值追求表现在受教育者的素质规格上就是要重视个人的自由发展，尤其是人格的健康成长。这一点具有世界性、终极性意义。通过教育，尤其是以人文性为核心特征的语文教育，重塑现代人的人格精神，是促使社会和个人协调发展、可持续发展的重要基础。

2.语文个性教育在个体人格的塑造方面应发挥积极的作用

通过对自身的人文价值、文化底蕴、思想内涵的充分释放和展开，为个体的精神发展、人格形成创设一个良好的成长环境。语文个性教育在人格塑造方面要坚持以下三方面的价值追求：

第一，重塑人格基础，由关注知识技能转向关注个性整体发展，并主要关注精神世界的构建。语文教育要重塑人格的基础，必须正视这一现实，努力扭转这种不良局面与风气，重新把语文教育的重心放在对个性人格的塑造与培养上。要实现语文教育的根本价值，促进个性的和谐发展与人格的健康成长，必须做到两个转变。从理论上要转变对语文教育本体价值的认识，树立起牢固的多功能复合价值观，真正理解汉语文本体的质的规定性对语文教育多功能复合价值观的内在的决定作用。在实践上要处理好语文知识技能掌握与文学熏陶、精神启迪、审美体验等隐性因素的关系，使前后两种因素相互联系、相互支持、相互转化。一方面把语文知识、技能因素融入个体精神活动、人格意识、行为模式的整体中去，使其有所附加；另一方面，则把个体的精神世界建构在牢固的语文知识技能之上，为个性的发展打下坚实的语文基础和文化根底。

第二，重塑人格形成机制，由关注教学目标转向关注教育目的，将人文关怀充分贯彻到教学实践中去。现在的语文教学过分追求教学目标的细目化、可操作性、确定性、完整性等行为性标准，相对忽视了情感性、体验性、审美性、情境性等隐性目标。这种目标教学的偏颇在应试教育模式中表现得尤其突出，忽视了学生的主动性和创造性。我们知道，语文教育的目的着眼于个性的全面和谐发展，尤其是个体人格与精神的发展。它是整个语文教育的立足点，也是归宿，对于具体的教学实践具有终极性的决定意义与规范价值。语文教学目标则是为了便于实践操作并从教育目的中分化出来，它对加强语文教学的程序性、规范化具有实际的指导作用。但是，这并不意味着在教学实践中按部就班地完成了各种具体的教学目标就能够达到教育目的的要求。按照教学系统论的观点，教育目的的内涵要高于各种具体教学目标。因此，个体个性的自由、充分的发展，精神世界的积极构建，要以教学目标的实现为基础和媒介，又要超越其上，对其进行积极的转化、扬弃和提升，使其获得个性的特征、人格的意义。各种语文教学目标所规定的知识、技能、思想、文化等学习内容，必须通过个体自我意识的同化，顺应的整合、行为模式的内化与外现的转化，才可能真正地变成个性的有机组成部分。这一过程的实现，一方面要以各种具体语文教学目标的实现为前提，另一方面又要借助于特定的教育环境，通过个体的自我教育、自我发展、自我提升来实现。教育环境除了包括课堂学习，更重要的是心理氛围、情景诱导、教师的人格魅力及教学活动的潜在影响等各类隐性因素。因此，语文教育要重塑人格养成机制，必须标本兼治、内外双修，为个性的和谐发展创设良好的教育环境。

第三，重塑人格境界，由"功利人生"的定位提升到"审美人生"的设计。应试教育以其功利主义价值取向为主，忽视了语文教育的审美价值甚至，把文学教育驱逐出语文课堂。语文教育要重塑人格境界，必须加强审美教育。因为只有审美教育，才能为个性的精神世界创造一个超越功利的自由发展空间，才能使个体认识到人生就是一件弥足珍贵的艺术品，从而唤醒他们热爱美、向往美、创造美的美好情感。因此，语文教育只有成为审美教育的过程，才可能充分释放汉语言文字及文学作品中的美感，把学生的精神引向纯净、高尚、理想之境。

（三）语文个性教育的实践走向

语文个性教育价值观的确立为语文个性教育实践指明了方向。语文教育在教学实践中应始终坚持以个性的和谐发展、人格的健康成长为指针。个性的发展、人格的形成是多方面、多层次、多方位的，其中创造性是核心因素。从某种意义上说，个性教育就是创新教育或创造性教育。我们知道，个性独特性是个性得以确立的根本依据，个性教育就是要立足于客观存在的学生的个别差异性，通过因材施教，去充分调动每一个学生的积极性、主动性、创造性，让每个人都体会到成功的快乐，体验到作为学习主体的自主感、成就感，从而释放每个人的学习热情和创造能量，培养出个性鲜明、朝气蓬勃、积极进取、勇于创新的社会主体。只有承认学生的个性差异和客观事物的多元性，才能真正地培养出学生的创造性。因此，个性教育必定是创新教育，而创新教育又是促进个性发展的关键因素。语文教育多功能复合价值观决定了语文创新教育内涵的丰富性、多元性。一方面，作为工具学科，语文教育对培养学生独特的个人语言表达能力、语言风格具有促进作用；另一方面，作为人文学科，语文教育对培养学生独特的人格精神、审美意趣、道德素养方面又具有重要意义。因此，语文个性教育的创造性就是要培养学生的良好语感、独特的语言风格、语文思维创造性以及积极向上的创造性人格。

1. 语感教学与语言风格的养成

一个人的语言往往就是他精神世界的表征。尤其是以文字为表达手段的书面语，更能较系统、全面、深刻地反映一个人的文化修养、价值取向、审美趣味以及精神追求。而语言风格又是标示一个人语言独特性的重要因素，它是一个人的符号化外貌。语言风格的形成有赖于个体语言的积累与语感生成，良好语感的获得是形成个人语言风格的根本前提。因此，语感教育是语文创新教育的重要内容。

2. 语感的性质及语感教学

什么是语感？语感是一种修养，是在长期的规范语言应用和训练中养成的一种对语言文字（包括口头语言、书面语言）比较直接、迅速、灵敏的领会和感悟能力。它具有敏锐性、直觉性、完整性、联想性、体验性。语感虽然具有模糊性、会意性等非理性化的特点，但可以将它当做科学的、辩证的分解，分项确定其训练目标。从大处看，语感可以分为听感、说感、读感、写感。从语文理解的过程及方式的角度来看，一个人的语感能力大致可以分解为相互关联的两种判断力：一是对语言对象在语言知识方面的判断能力，包括语音感、语义感、语法感和语气感，这是直觉性语感；二是对语言对象在内容上真伪是非与形式上美丑的判断能力，它包括思想观念、情感意志、人格状态、审美鉴赏等，这是理解性语感。老一代语文学家把语感和语感教学看作是语文教学的本质和核心，是语文教学的最终目的。

3. 语感训练的途径和方法

语感之"感"源于所感之"语"。它是客观语言对象对人的语言器官长期雕琢、不断积淀的结果。因此，要培养准确、敏捷的语感必须要注重语言的积累，加强语感的实践训练。

第一，培养学生对字词的感受力。要做到有效的语言积累，多看多记。多看，既看生活，又看书本。多记就是要在理解的基础上背诵一定数量的名篇佳作。

第二，强调诵读。

第三，凭借生活经验获取语感。

第四，依靠对语言行为意义的感知。语感实际上是经由言语、通过言语又超越言语去感受语言使用者的内心情感和它的思维。

语感分析训练是提高语言感受力、加强语言意象积累的重要手段。语感的分析侧重是在对文本整体感性理解与把握的基础上，针对某些具有文学解读意味的句子或词语进行深层次的理性分析。语感分析最大的难点是把握语言的隐含信息、语言的自我表达。语言的自我表达能力是语文教学所要培养的重要技能，它集中地体现了个体的语言个性、创造性和独特风格。

语言表达能力的培养并不仅仅是一种简单的技能训练，它是同个人的思想发展、精神成长、人格追求紧密相关的。促进语言表达能力的发展，必须从促进个性精神和谐发展入手。自我表现是个性精神发展的一个重要方面，它对个体的语言表达能力的发展起决定性作用。激励学生勇于去表现自我，敢于发表自己的见解，抒发自我的生活感悟，这是提高个体语言表达能力的重要原则。

（四）语文思维创造性培养

语文能力的核心是思维能力，思维能力的最高层次是创造性思维。创造性思维是一种具有开创意义的高智能的思维活动。它既具有一般的思维基本性质，又具有自身的独创性、突破性和新颖性。

语文学科作为基础教育中的基础学科，对培养学生的创新意识和创造能力具有决定性的意义。这也是深化语文教育改革、实施语文素质教育、实现语文教育个性化的关键。而培养学生创造性思维能力的途径和方法主要有：

1. 立足个性差异，培养求异思维

由于每个学生先天遗传特质和后天所受的教育及经历不同，心理发展又不处于同一水平，思维能力便有较大的差异。所以，发展学生的创新能力，就必须承认学生的个性差异和客观事物的多元性。传统的语文教学往往忽视学生的个性差异，按照一种整齐划一的僵化模式对待个性迥异的学生，这不仅损害了学生的自主性和积极性，也抹杀了他们的创造欲望。因此，加强语文个性教育，就必须积极培养学生的求异思维，发展学生的个性，鼓励他们的创造性。

2. 深挖教材内蕴，积极诱导启发

学生作为学习的主体，对同一篇文章的感受是不同的。"一千个读者心目中就有一千个哈姆雷特。"因此，教学切忌求同过多，而应尽量引导学生用发散眼光，立体地、全方位地审视文章的立意、题材、结构和语言，尽可能地激发学生去感受体味、大胆想象，形成自己的独特见解。教师只有用全新的、多角度的眼光分析教材，才能开阔学生的视野，使他们运用与众不同的思维方式对问题进行分析、比较、抽象和概括。我们应鼓励学生去思考、去发现，从而在潜移默化中提高自己的鉴赏力、创造力。

3.激发求知兴趣，鼓励创新精神

创造性思维能力的培养，是以激发求知兴趣为前提的。《论语》中有"不愤不启，不悱不发"的启发性教学原则。语文教学应坚持启发性原则，通过提问设疑，强烈刺激学生的学习情绪，活跃思维，使学生振奋起来，产生积极探求新知的欲望。激发学生的学习兴趣，关键在于精心设疑。问题是创新之源，疑问是探究思索的动因。在语文教学中，基础知识训练、阅读和写作等均可通过精心设疑来激发学生的学习兴趣和创新精神。

4.丰富想象能力，捕捉直觉灵感

直觉思维是人脑对事物及其本质和规律做出迅速的识别、敏锐的观察、直接的理解和整体判断的思维过程，它是构成创造性思维活动的必要因素，培养创造性思维能力，就必须加强对直觉思维能力的培养。

一要通过阅读教学，发展学生的想象能力。二要加强朗读和进行语感训练。汉语重语言主体的心理因素，强调直观感受。这种直观感受正是直觉思维力强的表现。加强朗读，进行语感训练，正是凭借着阅读活动的经验直觉对言语做出敏锐感受，从而可以瞬时性地感知和领悟言语，是培养直觉体味语言的重要途径之一。三要创设情境，触发创新灵感。创设情境是触发创新灵感的有效手段。生活展示、实物演示、表演体会、音乐暗示等手段都是触发灵感的重要手段。在语文教学中应注意发挥这些因素的作用。

（五）创造性人格的养成

语文创新教育不仅仅是语文创新能力的培养问题，创新人才培养的最核心问题其实是自由精神的培植、创造性人格的养成。创造性与其说是一种能力，毋宁说是一种精神气质、人格倾向。自由精神是一个人创造力的灵魂，它体现在教育管理者、教师与学生三个层面。创新教育不仅要求学生做好知识、技能及思想上的准备，而且还要求教育管理者和教师具有开放的意识、民主的管理、勇于探索的精神，使创造性成为教育的一种自觉的价值追求。培养创造性的关键是教师要站在学术的前沿，切实了解社会的发展及学生发展的需要，灵活多变地调整自己的教学计划与教学设计，以激发学生的创造力为目的。教师要通过设置特定的问题情境，让学生感受到问题的现实挑战，诱发他们克服困难的内驱力、意志力和人格信念，从而使创新教育与人格的发展能够联系起来。

语文个性教育要通过语言载体，充分挖掘依附其中的人文精神、价值意蕴，去引导学生求真、求善、求美，培植其主体性，鼓励其自由创造精神，真正把创造性教育与个性的人格发展融合起来，使创造教育获得持久稳定的内驱力。

三、语文教学的生活归属

面对信息社会、知识经济时代挑战的教育使命，课程脱离生活世界，学生缺乏承担社会义务的态度和参与社会实践的能力的现实，国内外一系列课程改革呼吁，把教育回归生活世界、培养社会实践能力作为强调的重点之一。

终身教育的宗旨是"四种基本学习"（即"四个知识支柱"）：学会认知、学会做事、学会共同生活、学会生存。

传统教育过分倚重"学会认知"，然而教育新概念应谋求"这四个'知识支柱'中的每一个应得到同等重视"，谋求这四者的整合。这四个支柱中，"学会做事""学会共同生活"和"学会生存"集中体现了教育、课程回归生活世界的发展取向。"学会做事"绝不只是熟练某些操作技能、学会某些重复不变的实践方法。

"学会做事"意味着要特别重视发展处理人际关系的能力，也就是说"人格智力"在知识经济时代具有特别重要的意义。"学会共同生活、学会与他人一起生活"，是信息社会对教育的又一挑战，因为日益发展的信息技术既便于人与人的交往，但也可能造成"地球村"的孤独和疏离。因此，教育应采取两种相互补充的方法，既要教学生逐步"发现他人"，懂得人类的多样性和差异性，又要通过从事一些社会公益活动而帮助学生寻找人类的共同基础。当人们"学会做事""学会共同生活"的时候，就能够在人类社会生活中"学会生存"。

教育在社会生活中的主体地位，指出"教育处于社会的核心位置"。认为教育是与家庭生活、社区环境、职业界、个人生活、社会传媒融为一体的，但教育并非被动去适应纷繁复杂、良莠并蓄的社会生活，而要对社会进行主体参与式回归，要通过培养每个人的判断能力而对社会进行批判与超越。由此看来，回归生活世界是课程变革的重要趋势。回归生活世界的课程在目标上意味着培养在生活世界中会生存的人，即会做事、会与他人共同生活的人。

这种人既具有健全发展的自主性，善于自知，又具有健全发展的社会性，善于发现他人。回归生活世界的课程在内容上意味着要突破狭隘的科学世界的束缚，除了科学以外，艺术、道德、个人世界、自由的日常交往都是重要的课程资源，这些资源在教育价值上丝毫不亚于科学，而且只有当科学与这些资源整合起来的时候它才能在走向"完善的人"的心路历程上发挥作用。要具备一种"课程生态学"的视野，寻求学校课程、家庭课程、社区课程之间的内在整合。

（一）语文教学必须贴近生活

语文是最重要的交际工具。语文是工具性极强的基础学科。它既是人们交际的工具、学习的工具、生活的工具，还是人类文化的重要组成部分、文明程度的标志、历史文化的结晶。在当代信息社会，语文能力更是成为一个人获取、加工、输出信息，进行思维创新的重要工具。语文教学必须贴近生活，这是由社会生活所具有的独特的语文教育作用所决定的。

首先，丰富多彩的社会生活是语文课文的源头活水。语文课在学生面前打开了现实生活的一扇窗口，通过它的选择和过滤，学生们可以自由地观察这个千变万化的世界，洞察生活的秘密，领悟人生的真谛。所以，生活是语文的来源，是学生学习的内容，语文教育不应忽视学生的自主发展以及对社会生活的内在需求。

其次，现实生活为学生的语言交际活动提供了直接经验的情境和基本的发展动力。儿童最初的语言能力是从现实生活中习得的。语言能力在某种程度上可以说就是一种基本的生活能力。现实生活为学生言语交往设置了特定的对话情境，激发了交流的欲望，使学生的言语交流能够获得一种持续的稳定的内驱力。在生活中学生所进行的这种语言上的交流深刻地反映了个体语言学习的内在规律：语言学习需要特定的情境来提供背景信息的支持以创造交流的可能性；同时，语言交流又必须是有所指的、定向的，交流的动力来自某种生活情境而产生的思想和思维上的碰撞或冲突。正是现实生活中所存在的各种矛盾、冲突和问题，才引发了学生语言交流的动机，促进了其思想的发展以及语言水平的提高。

所以，语文教学要重视生活情境在教学过程中的暗示、激励作用，为语言能力的发展铺设一个坚实的生活基础。

最后，语文的工具性决定了语文教学的生活化方向。语言作为理解的工具，不仅为个体与个体之间的思想情感交流创造了可能，提供了手段，而且在个体与历史、个体与传统之间架起了一座沟通的桥梁，个体通过它把历史与文化灌注进自己的精神生活和生命意识之中。历史和传统之所以能够进入到当代并影响到个人生活，就是由于语言发挥的作用。

语文教育既要满足个体生活的工具性需要，又要关注个体精神生活的发展，在生活中沟通历史传统与现实，探索理想的人生价值，构建生命的终极意义。所以，语文教育必须贴近生活，关注生活。

（二）语文教学必须植根生活

学生语言学习的规律表现在三个方面，一是语言的发展与思维的发展紧密相连、相辅相成，而思维的发展起源于动作与活动，是一种经验的建构过程；二是语言的习得必须借助于特定的生活情境，语言能力并不是一种抽象的形式，它必须包含实质性的生活经验与价值体验；三是语言的学习是实践性的，它的途径不应局限于课堂教学，而应面向生活实际，因为生活的变化对语言学习具有实质性的影响。这三个基本规律，基本上体现了语文教学与生活之间的密切联系。

认知心理学的研究成果已经证明，儿童的语言与思维的发展同儿童自身的动作与活动具有实质性的联系。从发展过程来看，人的思维的发展要经历动作思维、形象思维与抽象思维几个阶段，个体在与环境相互作用的过程中思维能力不断地由低级阶段向高级阶段发展。在儿童思维发展的早期阶段，儿童自身的动作是沟通环境与主体之间意义联系的桥梁。儿童通过自身动作，在动作中进行思维，借助于动作表达思维的成果，在成人的语言的引导下，儿童逐步把语音刺激与动作建立起稳定的联系，从而使思维获得了最初的语言表现形式。随着儿童动作的复杂化以及活动范围的日益扩大，儿童的形象思维逐渐开始发散，并不断地向前发展，培养抽象思维能力。儿童的语言能力也相应地从感性水平发展到理性水平。在这一过程中，儿童不断地修正所习得的概念，从而使语言能力不断地发展变化，逐步形成了一定的语感。教师要使学生所习得的语言获得实质性意义，具有经验上的价值，就必须加强语言学习与生活经验的联系，在生活的经验中使语言及概念获得稳定、准确、真实的意义，从而使个体的思维水平不断地由动作思维、形象思维向理性思维转化，不断地由即时性、联想性向推理性过渡，也就是说，生活经验在思想与语言之间架起了一座沟通的桥梁。因此，语言学习在本质上与生活相连，只有通过生活，并在生活中学习语言，才可能真正培养学生的听说读写能力，使其获得真正的发展。

语言学习必须借助一定的生活情境，才能形成积极有效的思想沟通。语言学习之所以需要一定的情境，是因为情境能创造语言交流的可能性，还可以提供语言交流所必需的背景信息，此外它又构成了语言交流的动力基础。学生掌握语言的过程其实是一种心理图式不断建构的过程，这种建构需要特定的生活情境提供发生的契机。在特定情境的诱发和激励下，个体才可能形成一定的问题意识和思维定向，促进思维的发生和发展。思维的过程其实就是概念的运算过程。因为生活情境不断变动，个体的思维活动就会处于不断地适应与调整状态。思维的适应与调整的过程，就是内部言语不断地生成、转化、运作、发展的过程。

从生活的发展变化对于语言学习的影响来看，语文教学必须联系现实生活，使学生的语言发展获得源头活水，才能变得生气勃勃。语言系统相对于社会生活，是一个相对静止的封闭的系统。社会生活不断发展，尤其是现代信息社会瞬息万变，必然对语言系统产生重要的影响，促使其做出相应的反应、调整和变化。除了语言学习自身的规律要求语文教学要生活化外，在语文教学中学生对各种文化知识的掌握、对价值观念的习得、对精神世界的探究等方面都要求学生具有深厚的生活经验作为基础。因为生活的切实经验不仅提供了各种学习的初步的感性知识基础，而且还孕育了学习的直接兴趣与心理动力，培植了学生基本的生活态度与价值观念。因此，生活化是语文教育走向深入的必然选择。

（三）语文教学必须聚焦生活

语文学科课程向生活化发展的方向，应该由原来的重视语文知识的教学转向对语文能力的培养，特别是对生活实践中运用语言能力的培养，这是编写语文教科书应掌握的重要原则。语文教材通过广泛取材，兼收并蓄，沙中淘金，成为社会生活的聚焦点，人生智慧的结晶。在编写语文学科教材时，应充分拓展语文教材的生活价值、发展价值，处理好以下几个关系。

1. 处理好语文知识序列、个体心理发展序列和个体生活序列的关系

理想的语文教材应该是语文知识序列、个体心理发展序列与个体生活序列的有机统一。三者之间应是相互渗透、相互促进、相辅相成的关系。也就是说，语文教材的编写既要考虑到语文知识的系统性、逻辑性和完整性，又要考虑到学生心理发展的阶段性、递进性、反复性，还要考虑学生实际生活的需要与社会生活的需要。

语文教育的一个根本任务就是要发展学生的语文能力，而学生语文能力的发展是同认知能力，尤其是思维能力的发展紧密相连的，而个体的思维能力的发展又具有普遍的序列性和规律性，即要经历动作思维、形象思维与抽象思维的过程。因此，学生语文能力的发展也必然具有一个基本的序列，这个序列理应成为我们设置语文知识与技能阶段性目标的依据，成为不同学段语文教材选文的标准。另外，学生的实际生活经验对语文的学习具有重要影响，不同年龄阶段的学生具有不同的亚文化特征，往往会形成不同的生活经验序列。

我们应以学生的心理发展序列为基础，以学生的实际生活序列为指导，以语文知识的可接受性为标准，以语文能力的发展为目标，设计生活化的语文教材。

2. 要处理好阅读、写作与生活的关系

阅读和写作并不是一一对应的线性因果关系，而是由量变到质变的过程。

阅读是学生感知、吸收、消化并理解语言材料的过程，它是写作的必要准备。因此要提高学生的写作能力，就必须要扩展高校学生的阅读量，开阔学生的视野，使学生积累大量的语言材料，获得丰富的语感刺激，形成一定的思维能力。写作不仅需要学生的阅读能力，它还需要以个体的生活感悟作为触媒或催化剂。否则，语言就失去了生命力与创造性，写作就会陷入到痛苦的技术制作之中。学生只有通过对生活的独到的观察，切身的体悟，深刻的反思，才可能激活头脑中已有的知识经验、事物形象和语言材料，才可能文思泉涌、下笔千言、一气呵成。因此，语文教材一方面要扩大信息量，加大阅读的力度；另一方面又要设计一些引导学生观察社会、体验生活、思考人生的课堂语文活动，以激发学生写作的欲望，创造学生写作的契机。

3. 要处理好语文知识学习与语文能力发展的关系

语文课程生活化，意味着要在语文知识与语文能力之间架构生活化的桥梁，使语文知识的学习为语文生活能力的发展服务。学生语文能力的发展并不是单纯地由语文知识转化而来的，它还要借助于个体的生活经验、语言交际的经验以及模仿他人语言的学习经验等多方面的因素的支持和作用才可能获得发展。因此，语文课程生活化要在坚持语文知识基础地位的同时，加强对语文能力的训练，突出语文生活经验对语文能力发展的重要作用。

4. 要处理好文言文和白话文的关系

语文课程的生活化，要以白话为主体，但这并不意味着否定文言文的生活经验价值。文言文作为古典文化的载体，它是历史生活生动、逼真的写照，具有极其丰富的生活教育价值。因此，语文课程生活化不但不应排斥文言文教学，而且还要在适当的范围内加强它。

文言文内容的选取要充分尊重历史的真实性与现实性，不可以用政治功利主义的眼光武断地、不负责任地对经典文献进行肆意地歪曲、附会与篡改，使文言典籍中的传统精神遭到肢解和割裂。文言文的教学要采取渗透原则。文言与白话之间存在着千丝万缕的内在联系，白话中有不少有生命力的文言，因此，在白话文中渗透文言文教学，不仅是可能的，而且是可行的。文言文教学要从现行的以语言文字的学习为中心的课程目标转化为以古典文化的学习为中心的课程目标，处理好语言与文化之间具有的既有机统一又分主次本末的关系。对于学生来讲，文言文主要是认读经典的工具，对文言表达能力不做要求，因此，切不可以枯燥的古典语言文字学的要求和标准去设计语文课程，以免误导学生对文言文的学习。

我们所追求的是使学生通过文言文的学习，获得基本文言阅读能力和对传统文化经典基本思想的掌握，并在学习过程中获得传统文化的陶冶、习染和精神的教育，而不是培养专门的古汉语文字学家。

第五节 语文教学方法的变革

一、语文教学方法的创新

创新，是语文教学方法变革的重要途径。广大语文教师把握改革开放的大好时机，充分施展自己的创造才华，推出了一批语文教学的新方法。下面主要介绍其中几种。

（一）自学指导法

自学辅导法也称自学法，是教师指导学生自学获取语文知识、培养语文能力的一种教学方法。这种教学方法的创新和推行，是以"学生为主体，教师为主导"教学思想的重要体现。学生根据教师规定的教材或自学材料、指定的作业，自己阅读或做习题，教师适当指导、答疑和小结。优点是以学生自学为主，注重培养学生的自学能力和自学习惯，有利于创造型人才的培养。是缺点基础差的学生常常力不胜任，如果指导不力则容易使教学放任自流。

它有各种不同的方式：一是划块式，即在一节课以内，划出一块时间，用于学生自学和教师指导自学。二是整堂式，即用整整一堂课的时间，专门用于学生自学和教师指导自学。三是课外式，即在正课结束后，规定一个时间，指导学生自学，一般以学习吃力的学生为对象，也有全体学生都参加的。

运用自学指导法，必须注意：一要明确学习的目的和要求，结合自学内容提出激发学生学习兴趣的思考题和练习题，让学生心中有数，带着问题自学；二要指出自学内容的重点和难点，指明自学的步骤和方法；三要给学生提示或提供参读材料或自学手段，帮助他们自行解决学习中的问题；四要进行巡视指导，对于自学吃力的学生还要有重点地进行个别辅导，细致观察和掌握学生自学情况，及时解决需要教师指导的问题；五要创设良好的自学环境和条件，让学生专心自学，提高自学效率；六要检查并总结自学情况，肯定学生自学的成果，解决学生自学中的疑难问题，不断提高学生的自学质量。而关键在于教给学生自学的步骤和方法。比如：魏书生老师总结了"四遍八步读书法"：一遍跳读（记梗概、记主要人物），二遍速读（复述内容、理清思路），三遍细读（掌握字词句、圈点摘要、归纳中心），四遍深读（分析写作特点）。自学指导法正在全国范围内逐步推行，有着广阔的发展前景。

（二）读写结合法

它就是从读学写，以写促读，读写结合，实现读写水乳交融齐步发展目标的教学方法。影响最大并自成体系的要数语文特级教师丁有宽。他经过八轮教改实验，逐步创设了"以记叙文为主体的读写结合五步系列训练法"。针对过去语文教学模模糊糊一大片的弊端，提出"杂中求精，打好基础，乱中求序，分步训练，华中求实，突出重点，死中求活，教给规律"的教学思想和教学方法，运用心理学、工程学、系统论等科学理论，指导学生读写结合，反复训练，开设"15分钟观察口头表达课""寻美作文课"等多种特殊训练课程；在四、五年级学生中提倡自学自得、自拟标题、自改作文，甚至取消传统的专门的作文课，而把大量的写作片段训练和综合训练糅合在阅读教学之中。

（三）比较教学法

这是把两种或两种以上的语文因素集中起来，进行比较、分析，探寻规律，加深理解的一种教学方法。我国著名幼儿教育家陈鹤琴先生曾经将它用于幼儿教育，将两种相近的物体让孩子进行区别，分清其特征属性，使孩子对所学事物认识正确，印象深刻，记忆持久，在幼儿园的教学中起着重要的作用。而作为一种语文教学的具体方法，它的兴起、推广和逐步定型还是近几年的事。运用比较法进行语文教学，可以使学生明了知识构成规律，系统巩固所学知识，并培养其举一反三、触类旁通的自学能力。

比较的方式主要有四种：一是横比，即两个或两个以上同类的语文因素相比，比如字词句篇，主题、题材、手法，人物、事物各自之间的相互比较。二是纵比，即同一语文因素的前后发展变化相比，比如词的本义与引申义，古今语法特点，课文修改前后的比较。像教《藤野先生》，用原句"从此就看见许多新的先生，听到许多新的讲义"比较改定句"从此就看见许多陌生的先生，听到许多新鲜的讲义"，就发现作者遣词造句的准确、精当。三是对比，即将相对或相反的语文因素进行比较，比如同义词与反义词、对偶句、对立人物形象、相对写作方法之间的比较。四是类比，即用同类的两个语文因素中的通俗易懂的一个来与另一个相比，实际上是进行类比推理。

比较的类型大致有两种：一是求同比较，对相同或相似的语文因素，通过横比或类比寻找共同的规律。二是求异比较，对同类而不同特点的语文因素，通过对比或纵比，区分其中差异。

比较教学法运用的途径主要有四条：一是新旧联系。学习新知识，启发学生联系旧知识，从旧知识中寻找比较对象。二是设问求比。教师根据教学需要提出问题，要求学生围绕问题去收集课内外语文材料，寻找比较点。三是单元教学。一次学习几篇同类课文，启发学生认识它们之间的联系与区别，确定比较点。四是对比讲评。学生作文之后，以学生作文为例，展示同一题目不同写法，引导学生进行比较分析。

（四）得得教学法

简称"得得法"，也称"一课一得，得得相连"。所谓"得"是指教学必须使学生有所得，不仅要使学生学懂，而且还要使学生学会。整个教学过程是教一点，学一点，懂一点，会一点；只有懂了、会了，才算是"得"了。一篇课文在为训练点服务时，教学全过程大致分为三个阶段：一是自学预习阶段。先由教师做自学启发，然后由学生自学，再由教师着重提示课本中作为例子的部分，为突出训练点的要求做准备。二是逐点落实阶段。教师突出训练点的具体要求，引导学生进行精读、深入钻研并解剖范例，进行单项训练，落实一"得"。三是读写结合阶段，学生在剖析范例后进行写作的模仿和创造。上述三个阶段形成一条"综合（课文）—单一（举例训练）—综合（作文）"的完整的思维链。得得法本是一种教学体系，并非一种具体的教学方法；但是，这种"一课一得，积小得为大得"的语文教改精神，贯彻到广大的层面上，不少教师已将"一课一得"作为一种独立使用的具体教学方法。

（五）情境教学法

根据课文内容和教学要求，运用各种教学手段，创设适合学生学习语文的生动情境，使学生入境会意，触景生情，从而加深相应的理解，学习语言，开发智力，陶冶情操。情境教学法，作为一种具体的教学方法，已在全国各地逐步推开。

运用情境教学法，关键是创设一个语文教学的生动情境，主要方式有三种：

第一，模拟情境。一般是通过图画、照片、音乐、文学语言、电化教具等教学手段，再现教材提供的情境。根据儿童思维与注意的特点，模拟的情境要具有形象性和生动性，可以通过五种途径模拟情境，即以生活显示情境，以图画再现情境，以音乐渲染情境，以语言描述情境，以扮演角色体会情境。五种途径，可以从中选用一种，也可综合使用几种，最终都落实到语言学习上。比如教《周总理，你在哪里？》，可以播放配乐诗朗诵，教师范读并采用多种读法，引导学生反复进行朗读，使学生既深刻理解课文内容，又进行语言训练。

第二，选取情境。阅读教学，可以借助电教手段配合课堂教学，比如结合课文放映有关的幻灯、投影、录像和教学电影，使学生如闻其声、如见其人、如临其境；作文教学，可以带学生走出课堂，实地观察，开阔视野，丰富素材。

运用情境法，一要因文设境，不同文体、不同课文创设不同的情境；二要随机取境，尽量做到因陋就简，就地取材；三要情智交融，创设情境的根本目的还是为了更好地完成语文教学的任务，通过情境教学要使学生更好地学习知识，开发智力，陶冶情操，而不是为情境而情境，走向趣味主义。

要进入学习情境，就必须进行情境诱导，情境教学法就是使学生在教师的作用下完成学习过程。因此，教师教学中要注意以下两个方面：

1. 施教的趣味性

兴趣是推动学生学习的直接动力，兴趣的主要职能就是使学生把学习化作自己的动力和需要。"知之者不如好之者，好之者不如乐之者。"这是古代教育家孔子的经验之谈；"所有智力方面的工作都要依赖于兴趣。"这是现代心理学之父皮亚杰的著名论断。教学实践证明，激发学生在思考探索的过程中体验到乐趣，感受到兴奋和激动，是提高教学成果的捷径。而要使学生对学习产生兴趣，教师就要把课讲得情感横溢，趣味盎然，生动活泼。趣味性，是情境教学法的重要内涵之一。语文教师要千方百计把课上得有味，讲得有趣，让学生在活泼的气氛中，在愉悦的心境里，在轻松的环境下去学习，去探索，品味到语文课的甘甜与芬芳。如要求背诵古典诗词，每次早读一首，日积月累，以提高学生的文学修养和兴趣，每堂课设计引人入胜的导语，一开始就紧紧吸引住学生。有很多行之有效的方法，常用的有直观演示、开拓想象、抓点拎线、形成悬念、展现意境、激发情感、讨论答辩等。这样的方法抵消了学生厌倦消极的心理状态，促使学生以极大的热情投入语文学习的天地，来提高学习的积极性，激发求知的兴趣。

2. 求学的主动性

"'教'不是'统治'，不能代替'学'，而是启发学生'学'，引导学生'学'。语文教学应该把立足点'从教出发转移到从学出发'。"教学过程是开发学生智力、培养学生能力的发展变化过程，教学的对象是充满情感和个性各异的活生生的人，教学的目的只有通过学习者本身的积极参与、内化、吸收才能实现。学生是学习活动的主体，学生能否主动参与，成为教学成败的关键。情境教学法的目标就是为了提高学生的学习兴趣，开启学生思维之门，培养学生积极主动的学习态度。常言道：好的开始等于成功的一半。激发学生的学习动机，多在导入新课时进行。此时或确定学习重点，让学生有一个目标；或者介绍学习方法，使学生前进有路；或导入有术，令学生进入情境。情境教学法十分讲究和重视这一环节的设计。根据不同的教材，针对不同的对象，采用不同的导语。

常用的方式有问题悬念式、诗词曲赋式、格言警句式、故事传说式、温故入新式、解题式、练习式、知识式等。学生的学习动机被激起后，无论是好奇、新鲜，还是情感、关注的需求，都会形成一种努力探求的力量，积极参与到学习活动之中，成为学习的主人。培养学生的参与意识，是教学民主的具体体现，它能给学生尊重感、信任感、理解感。学生在主动参与的内驱力推动下，为求知而乐，为探求而兴奋、激动，到达了一个比教学预期目标还要广阔的境界，体验到成功的乐趣，得到一种精神的享受。变"要我学"为"我要学"，学习成为一种自我需要，使学习动机更为稳定和强化。情境教学法使学生在愉快的学习情境中产生学习动机，教师全力创造适于学生潜力发挥的条件，让学生全体参与、主动参与。诚如是，那么在语文教学的舞台上，定能演出有声有色的话剧来。

3. 情知的对称性

语文教学的过程既是一个认识过程，即智力因素活动过程，还伴有一个意向过程，即非智力因素活动过程。语文是培养学生优美的情感素质与优秀的智慧素质的重要课程。在这门课程中，既有一个完整的认识结构，还有一个极丰富的情感世界。情境教学法就是把这两个方面紧密地结合在一起，不仅把语文作为工具性的学科，只追求知性目标，还让它成为培养品格与智能双向发展的载体。情境教学法要在循文、析像、悟理的过程中领情、注情、传情，充分运用情感在认知过程中的特殊功能，从学生的学习需要出发，根据教学目的创设教学情境，提供具体的场景或氛围。当学生置身其中，"物色之动，心亦摇焉"，所以"登山则情满于山，观海则意溢于海"。在教学情境中，学生与情境之间发生种种信息交流，加强听说读写方面的全面训练，努力使语感训练、文感训练、情感训练、智能训练协同发展，全面完成传授知识、发展智力、培养能力、陶冶性情的教学任务。情知对称，经过长期的探寻和实验，"每个情感目标都伴随着一个认识目标"，"你中有我，我中有你"，一石二鸟，一举两得，达到了理性（认识）与非理性（情感）的高度默契，实现了教书育人的统一。

情境教学法建构起以"情境"为主体、以"情感"为中心的教学框架，以"趣味"动其心，以"情知"移其意，引导学生主动参与其中，以发展智能为终极目标。在"爱"的氛围中，在"美"的情境里，在"情"的感染下，活化学习动机，开启心智，陶冶情操，使学生不断获得成功的快乐，对于提高教学效率，进行审美教育都具有重要作用。

（六）思路教学法

叶圣陶先生指出："作者思有路，遵路识斯真。""看整篇文章，要看明白作者的思路。思想是有一条路的，一句一句，一段一段，都是有路的。这条路，好文章的作者是决不乱走的。"思路就是作者写作时的思维过程，它外化为文章的结构线索。教师根据作者的思维过程和文章的结构线索，指导学生分清段落层次，把握文章结构，概括思想内容，体会作者思维逻辑性，进而学会独立阅读、分析的教学方法，就是思路教学法。

思路不同，思想境界就不同。所谓"思想境界"是指文章中作者立意所达到的高度（指中心思想或主题思想），具有阶级性和政治思想倾向性，而思路则是作者的逻辑思维通过一定的语言文字的表达，体现出思维的条理性。思路有别于语感。所谓"语感"是读者对作品中具体的语言文字的一种敏锐的感受，并非对文章整体结构层次的理解。思路教学要注意思路"接通"，也就是把作者所写文章的思路、教师教学的思路和学生学习的思路三者统一起来，让学生能理解文章的思路。"接通"的关键在教师，教师的教学思路是联系其他两种思路的桥梁和纽带，所以教师教学时必须吃透两头，一头是文章思路，一头是学生思路。通过深入钻研教材，精心设计教学，运用各种切实可行的教学方法，把两者"接通"，使学生能够正确理解文章结构和内容。

思路教学的具体做法很多。一是自读探思路，就是通过引导学生自读，探索文章条理；二是分段显思路，用划分段落层次，归纳段意、层意来显示文章思路；三是提纲理思路，即引导学生编写课文提纲，厘清文章结构；四是设疑引思路，教师按照文章线索设置一连串疑问，引导学生释疑解惑，认识文章思路；五是讲解析思路，主要凭借教师对课文的讲解分析，厘清思路；六是板书明思路，用板书设计来显示课文思路。

二、语文教学方法的引进

引进，是语文教学方法变革的另一条途径。十多年来，我国语文教学学习域外语文教学经验，引进了不少的教学方法。

（一）发现教学法

"发现"的本意是指找到前人没有找到过的事物和规律。作为一种教学方法，它是美国心理学家布鲁纳所创。按照他的解释，"发现不限于那种寻求人类尚未知晓的事物的行为，正确地说，发现包括用自己的头脑亲自获得知识的一切形式"。发现法是教师提供适合学生学习程度的教材，引导学生自己探索，发现问题，寻找答案，得出结论的教学方法。它可以激发学生的学习兴趣，获得长久保持而又便于迁移的知识，培养钻研精神和创造能力。在语文教学中，发现法又称"问题教学法"或"设卡法"。

运用发现教学法的一般步骤：一是设问，即创设问题的情境，使学生内心产生矛盾，主动提出要求解决的问题。二是假设，即由学生利用自己已有的知识，利用教师提供的材料，提出解答问题的合理假设，探索解决问题的途径。三是验证，即让学生从理论上或实践中检验自己的假设。四是总结，最后得出共同的结论。

发现法在引进过程中得到改造，逐步成为适应各地教学实践的语文教学方法。比如，由发现法衍生的"引导发现法"采用如下五个步骤：一是准备，教师引导学生明确探索的目标、意义、途径、方法等；二是初探，根据既定的目标和途径，引导学生通过阅读、观察、思考等学习实践活动，主动概括出知识规律，寻求问题的答案；三是交流，教师组织引导学生交流初探成果，对于有争论的问题展开深入讨论；四是总结，学生整理知识使之系统化，教师对学生小结进行评价和修正，使之进一步掌握知识的内在联系；五是运用，学生通过各种形式的练习，完成有一定难度的任务，验证并巩固知识，增强运用知识解决实际问题的能力。

（二）SQ3R 学习法

又称"查、问、读、记、复习法"或"五步阅读法""五段学习法"。

是一种引导学生进行自学的读书方法，始创于美国艾奥瓦高校。SQ3R是五个英语单词的缩写，代表了阅读过程的五个步骤，即：纵览（Survey）—发问（Question）—阅读（Read）—背诵（Recite）—复习（Review）。第一步全面浏览，对所学内容做框架式的大体了解，即对所学材料，从内容提要、目录、序言到大小标题、图表、注释等，先粗略地看一遍。第二步略读，着重读物中的主要内容（包括重点和难点），并提出问题。第三步带着问题进行深入阅读，可以圈点、画线或写提示性批语，还可以做笔记。第四步回忆复述，即合上书本，对各部分提出问题予以解答，回忆各个章节要点，巩固学习内容。第五步复习巩固。这种学习方法，在运用时学得比较扎实，适用于需要记忆和深刻理解的精读和必读材料，但它费时较多，对于只需一般了解的略读材料不宜采用。

这种学习方法引进我国语文教学，不但适用于学生自学读书，而且经过移植，可以适用于阅读教学中的精读课文教学，加上教师的启发引导，改造成具有师生双边活动特征的"五步自学指导法"，即定向浏览—略读质疑—深读理解—回忆解答—复习小结。

（三）科学扫描法

又称"速读法"或"扫读法"，指在有限时间内尽快地、有目的地、有效地阅读文字材料，并获取所需信息的方法，主要原理是采取科学视读法，减少眼停的次数、时间和回视，扩大视读广度，达到提高阅读速度的目的。

它打破了按字词句读书的习惯，而是一行一行、一块一块地扫视；采用掠读和寻读相结合的方式，略去一般性文字，发现重要内容，则减慢速度，按行跑读，遇到关键处，再逐字逐句细细品味。据现代结构语言学统计，通常文章的一般性内容约占全篇的75%，而要点只占25%。据研究，一般文章的组织结构，大体可分七个部分：一是名称，二是作者，三是导语，四是一般内容，五是事实、数据、公式之类，六是新奇之点，七是争议之点。速读就像雷达跟踪目标，敏捷地抓住文章中的六、七两点，而将其他略去。这样单刀直入、直取精髓的读书方法，可用较少的时间，获取较大的阅读量。和一般性阅读相比，科学扫描法的一般指标是速度高一倍，理解系数达50%。作为一种读书方法，科学扫描法需要加强训练。主要方式有，一是遮盖扫描。读完一行，就用纸片遮盖这一行，以减少回视，增加眼停的视读广度。二是限量扫描。即限时读完一定数量的文字。三是计时扫描。计算阅读一篇材料所需的时间，再做一些检测理解力的练习题，测定扫描效果，如此多次检测比较，及时反馈。四是块面扫描。编好与横行竖排字数相同的块面阅读材料，让学生一次读一个块面，要求眼脑直映，养成快读习惯，逐步扩大块面字数，以增进每次眼停的视读广度、阅读速度和理解力。五是狭条扫描。目光在书页字行的狭窄区间移动，视线不仅集中于一页材料每行文字的中心，而且投向这狭窄长条的所有文字。六是直线扫描。视线在每行文字的中线垂直往下移读，要求一次眼停看一行字，常用于阅读报刊。七是顺序扫描。将一篇文章的上述七个部分作为阅读的目的任务，依次扫描搜寻。八是机器训练。采用速示器、速读器等机械装置辅助训练，以加快眼动或扩大视读广度，提高扫描速度。

引进的教学方法还可以列举一些，比如问题教学法、暗示教学法、快乐教学法、范例教学法、图表教学法、利用图书馆学习法等方法。

三、语文教学方法的发展

语文教学方法是语文教学动态系统中的一个动态的要素，它本身就是一个动态的子系统，是不断运动变化的。语文教学设计应当探寻语文教学方法运动变化的规律，把握它的发展趋向，遵循它的发展途径，做语文教改的"弄潮儿"，将语文教学方法改革推向前进方向。

（一）语文教学方法的发展趋向

纵观国内外语文教学方法变革的历史经验和现实状况，在今后较长一段历史时期，语文教学方法的发展趋向主要表现为三大特征：

1. 主导主体有机结合

语文教学方法是教法和学法的有机统一。随着一个时期处于支配地位的教学论思想的更替，教学过程理论和教学方法理论也相应变更。一时主张教师中心，以教法的灌注为主；一时提倡学生中心，以学生的自动为主。这种变更，古今中外几百年乃至几千年来，已经发生过数次。"读史使人明智"，历史的经验促人警醒。"经过一番否定之否定后，我们才有主导、主体辩证统一的教学观。"语文教学必须要坚持教师为主导、学生为主体，语文教学方法应当体现这种主导与主体的有机结合。

2. 知识能力同步教学

语文教学过程是一个传授知识、培养能力的教学过程。语文教学方法既是知识传授法，也是能力训练法。传统的教学理论注重知识的传授而忽视能力的培养；现代教学论的某些新观点片面强调能力的培养，有意无意地否定了知识的功能，走向另一个极端。我们需要用基本事实的知识来发展和增进每个学习者的思考力，"而正确的知识必须和技能，即运用知识的技巧结合起来"。语文教学方法必须有利于知识和能力两种教学的同步进行。近年国外出现"第三程度"的理论，即学生掌握知识和运用知识，按深度分为三种程度：第一程度是掌握信息，第二程度是具有运用知识的技能技巧，第三程度是善于创造性活动。像发现法、问题教学法、范例教学法、暗示教学法等新的教学方法便是以实现第三程度为目的。我国语文教学方法的改革，应当看准国际教育科学理论的新水平。一个学生只有掌握了牢固的知识，具备了较强的能力，才有可能进行创造性活动。

3. 认知个性和谐发展

认知指学生的认识能力，也就是智力；个性指学生的个性心理，即非智力心理因素。智力和非智力因素的和谐发展，实际上就是人的全面发展教育思想的体现，已经逐步成为教育理论工作者和实践工作者的共识。苏霍姆林斯基提出："作为全面发展的理想的个性是和谐的，没有和谐的教育工作就不可能达到和谐的发展。"赞科夫则认为："这里所说的达到更高的发展水平，不仅指智力发展，而且指一般发展。所谓一般发展，就是不仅发展学生的智力，而且发展情感、意志品质、性格和集体主义思想。"对于语文学习来说，观察、记忆、联想、思维、想象等智力因素，是学生学习的操作系统；而动机、兴趣、习惯、情感、意志等非智力因素，则是学生学习的动力系统。两者和谐发展，才能全面促进学生的语文学习。今天的学生处于科学技术高度发达的信息社会，智力因素一般是不成问题的，关键在于非智力因素的培养。因此，未来的语文教学方法既要有利于开发学生的智力，又要有利于培养学生的非智力因素，而且要把两者有机地统一起来，促进学生认知水平和个性心理的和谐发展。

（二）语文教学方法的发展途径

叶圣陶先生指出要把学生教好，必须有好的教学方法。好的教学方法从哪儿来？来源无非两个："一是向别人学，一是自己通过实践，摸索得来。"学习和摸索，可以求得语文教学方法的发展。

1.批判继承，推陈出新

语文教学方法具有继承性和创造性，这是语文教学方法的基本特征之一。今天的教学方法大多是从古人或前人手中继承过来的。不用说讲授、诵读、议论等常规教学方法的基本做法继承了自孔夫子到叶圣陶两千余年教学方法的衣钵，就是创新或引进的新教法，追根溯源，从中也可窥见沿袭的影子。比如，比较教学法是现代著名幼儿教育家陈鹤琴先生提出并在幼儿园教学中起过重要作用的。

这种批判继承的过程、扬弃的过程，便是推陈出新，便是创造，便是发展。对于过去的教学方法，凡是合理的成分，比如启发式的，结合教学实际的，有利于传授知识、培养能力、开发智力、陶冶情操的做法，便予以肯定和吸收；凡是不合理成分，比如注入式的，脱离教学实际的，不利于传授知识、培养能力、开发智力、陶冶情操的做法，则予以否定和剔除。任何全盘否定和全盘肯定的态度都是不科学的。语文教学方法要发展，就要充分发掘我国教学方法的历史积淀，正确地扬弃，注入时代的生机和活力，创造出更新的且更有成效的教学方法来。

2.引进借鉴，为我所用

"他山之石，可以攻玉。"引进、移植、改造外国的、外地的、他人的教学方法，是发展语文教学方法的"源头活水"。情境教学法，本来是外国的一种外语教学方法，是19世纪下半叶始于西欧的外语教学改革运动的产物，由直接法演变为听说法、视听法、功能法以至情境法等现代外语教学方法；把它移植过来，加以改造，用于汉语文的母语教学，便是一种崭新的教学法。范例教学法，原是德国教育家瓦·根舍因首创，它注意从教学大纲和学生日常生活中选择"范例"，以便使教学内容更加典型化，让学生从"范例"的"个别"到"类"掌握知识结构，从而提高教学效率。借鉴它的基本思想，赋予我国语文教学的新内容和新特点，既可创造"读写结合法"，又可设计"得得教学法"。今后我们更需要这样做。如何结合我国语文教学的特点，结合当下的实际，进行科学的选择、合理的借鉴，拿来为我所用，这是未来语文教学的一大课题。

3. 优化组合，避短扬长

具有多样性和综合性，是语文教学方法的又一基本特征。语文教学方法的这一基本特征，也为它自身的发展开拓了无限广阔的天地。优化组合，是语文教学方法发展的重要途径。这种优化组合，也就是语文教师的创造。如果说继承传统和借鉴外国是"向别人学"，那么这种优化组合便是"自己通过实践，摸索得来"，"二者都重要，但是有主次之分，自己摸索得来比向别人学更重要，就中学和小学的语文课来说，尤其如此"。

优化组合的诀窍在于避短扬长，发挥个人教学的优势。比如同样一篇朱自清的《春》，不同的教师可以有不同的教法：

可以"导之以情，以读带讲"，像"情感派"的教师执教，首先设计一个充满激情的导语，将学生引入"绿满天下"的动人境界，然后边读边讲，步步深入，使学生的情感融入融融春意之中，潜移默化地受到课文内容的感染熏陶。

可以"朗读领先，带动全篇"，善于普通话朗诵的教师，能够从朗读入手，通过朗读的指导和反复的朗读，使学生领会文章的思想内容和写作特色。

可以"范文引路，指导观察"，善于观察指导和写作训练的教师，则以课文为范例，通过课文分析和观察指导，培养学生的观察能力和表达能力。

可以"一课一得，以读促写"，紧扣景物描写这个重点，让学生领会并按照顺序写景和抓住景物特点的写作方法，并付诸作文实践。

"教亦多术矣，运用在乎人，孰善孰寡效，贵能验诸身。"任何具体的语文教学方法都不是"万应灵丹"，都必须接受实践的检验。

第二章 高校语文的定位分析

第一节 高校教育课程体系中的高校语文——职业性

高校的教学任务目标之一就是学生的就业发展，因此高校教育要培养具有创新精神的、能够适应工作岗位的、高素质的、职业应用型人才，高校教育的课程设置也具有一定的职业性要求。最根本的就是高校课程要以培养学生的职业性思维为发展重点，尤其是语文课程。作为学生学习其他课程的基础，语文在培养学生职业思维和待人处事方面具有非常重要的作用，因此语文课程的开发和设计也应该以职业过程和职业任务为基础，注重追求语文课程教学和职业岗位中工作项目的承接，充分体现出高校语文课程的职业性、实践性以及开放性的特征。高校语文教育作为学生学习的基础课程，不仅要帮助学生认识语言，还要帮助学生用语言和文字去解决生活中的问题，对于高校学生而言就是如何利用语言和文字去解决工作中的问题，去应对接下来工作中面临的挑战。为了让语文课程更加适应高校教育的发展，在高校教育体系中占有一席之地，就必须高度适应现阶段高校课程教育改革的要求，致力于高校教育专业性人才培养目标的发展，让学生在学习语文课程后能够真正地应用到相关的技术领域和职业岗位中，满足企业和社会的用人需求。

在对我国高校当前所进行的课程改革和研究中，石伟平教授认为高校课程教育的基础就是文化课程，尤其是语文课程，当前许多高校对语文课程的定位模糊不清，或出现很难定位的问题，没有凸显职业性要求，这成为制约整个高校语文课程改革的重要因素。因此对高校语文课程的定位，提出了两个观点：第一，在高校教育课程体系中，文化课程与一般的技术课程同等重要，甚至在学生刚开始进入学校时更加重要，也就是说高校教育课程体系如果要形成一个完整运作的系统，就不能忽略文化课程在课程系统中的重要作用和突出地位，如果高校不能重视文化课程的教学改革，那么就会影响整个课程体系的发展，甚至不能从根本上完成整个高校教育的使命，所以就需要高校理顺文化课程与技能教育之间存在的相互关系；第二，高校教育课程体系发展中文化课程的改革发展，尤其是语文课程的改革发展尤其重要。语文课程是众所周知的学生学习的最基本的课程，从学生进入校门的第一天起，语文课程就伴随着学生的成长，是文化课程当中最重要的一部分。语文课程怎么改、如何改，已经成为当前制约广大教育工作者的重要课题，其改革成功与否也决定着教育体制发展是否畅通。而对高校语文课程的改革就意味着对高校语文课程的重新定位，赋予其新的内涵，使其成为一种新的课程模式。对于高校语文课程的定位来说，技能教育的本质发展必然会对语文课程产生重大的影响，所以高校语文课程的定位应与高校教育发展有着本质的联系。

石伟平教授针对当前我国高校的课程改革研究，指出高校文化课程改革的根本发展思路就是要把普通语文课程的内容和高校专业课程的教学内容结合起来，进一步强化语文课程的专业课服务功能。高校语文课程发展的根本目标就是要满足学生职业性发展的需求，就是要使语文课程具备工具性和人文性结合发展的特征，就是要使语文知识能够真正地用于学生的职业技能中，既要培养学生的人文精神，又要推动学生职业能力的发展。那么该如何具体地定位高校教育课程体系中语文课程的职业性特征，接下来将进行具体的阐述。

一、在语文课程的内容上体现职业性定位

高校教育课程体系中，高校语文课程为了满足学生的职业性需求，最根本的就是要在内容上进行改革，通过专业人士的故事和感悟以及对事件的描述，可以让学生深刻地了解专业性的问题，这对学生职业能力的培养和职业理想的塑造具有很大的推动作用。当前许多高校语文教材在这方面有很多的探索，如谢海泉主编的,高等教育出版社出版的针对艺术类专业的《高校语文》这本教材,

就是以高校学生的职业发展为导向，将语文课程与高校的艺术专业联系在一起，选择一些与艺术相关的论作来启发学生的思维，如画论、艺术大家创作的经验谈、艺术论文以及艺术史等与专业相关的知识。这样可以激发学生对艺术专业的热情，丰富学生的艺术创造体验，激发学生的艺术创造灵感，让学生在学习基本的语文知识的同时，可以感受到艺术带来的独特魅力，在学生的艺术感悟上和艺术观形成上以及艺术创造的灵感来源上都起到巨大的推动作用，因此该教材就使原有高校语文课程的内容呈现出职业性定位发展的特征，赋予普通语文教学内容全新的面貌。从这本教材的具体内容上我们也可以看出其职业性定位的准确程度。例如，教材中选编了《罗丹之约》一文，这篇节选的文章的作者是铁凝，通过让学生了解清楚艺术大师罗丹的故事，激发学生对艺术的兴趣。另外一篇《傲徕峰的启示》，作者冯骥才，让学生能够调整观察的角度去认识艺术发展的重要性。教材中节选的吴冠中的《且说黄山》以及赵丽宏的《流水和高山》这两篇文章，可以让学生在学习基本的语文知识的同时，调动学生对文艺和音乐的想象力，让学生通过对文章内容的学习，拓展他们的艺术思维。作者陈从周的文章《说园》和张抗抗所写的《诗意的触摸》这两篇文章主要的目的就是培养学生对塑造美的造型的感悟能力。此外，教材中将张若虚的《春江花月夜》和余光中的《听听那冷雨》汇编到一起的目的就是让学生通过对名篇的欣赏，体会相关意境，使学生对艺术产生深刻的感悟。一些诗词的收录可以让学生去感受来自豪放派以及婉约派的不同诗情。节选朱自清《月朦胧，鸟朦胧，帘卷海棠红》这一代表作，可以让学生将"画意"表达出来，身临其境地享受语文作品为自身文学修养带来的影响。教材中选编的贝聿铭的谈话录，主要目的就是要帮助学生表达自己的见解和意图，让学生可以通过语文知识的学习，去理解不同作家的风格，并通过作业展现出来，如对李清照等一些人物的海报设计和文字说明，让学生能够真正地将语文用于艺术专业，将艺术专业融入语文学习中。同时教材还像杂志一样，展现了一个"书中刊"的内容，就是文章中的"博览"，用作家、艺术家的作品和文章传达他们各自独特的观察和感受，具体展现创造性思维的魅力，使学生可以深刻而全面地了解到语文的基本知识，激发学生对专业的热情，培养学生对艺术创作的感悟，让学生在学习专业课程时，也能将语文知识应用其中，既能让学生感悟艺术的魅力，也能让其体验到文学之美，同时还能通过语文知识的学习，帮助学生去应对专业知识的问题，丰富学生的文学和艺术修养。

学校课程教材的选择一般具有一致性，但是面对语言类专业的学生，可以为其设置专门的语文课程内容。为了学生可以真正地了解所学语言的文化背景和国家历史状况，在语文课程设置中，教师可以适当地增加一些与本专业相关的文学篇目，从中国和其他国家语言文化发展的角度入手，有意识地增加一些专业文化内容，通过所学语言的国家文化和本国文化的对比，让学生体验所学专业语言的语境，丰富他们的语言知识，降低他们在学习专业语言时的难度，以有效地提高学生学习专业语言的质量和效率。在帮助和引导学生提升语文素养和语文能力的同时，实现向专业素养和专业能力的"迁移"，以提高专业学习的质量和效率。

二、在语文课程的教学方法上体现职业性定位

高校教育课程体系中，高校语文课程的定位在突出职业性特征时，最根本的就是要体现在教学方法上，也就是说不仅要在教材编排上与高校学生的职业技能发展相挂钩，还要在教学方法和手段上服务于高校专业技能培养的目标要求，让语文课程在学生职业素养的养成中发挥作用。

基于此，乔刚教授就在语文的教学方法上进行了改革，他在教学中充分地融入专业的要素，使语文课程教学可以充分地满足高校学生的职业性发展的需求。例如乔刚教授以《郑伯克段于鄢》这篇文章为教学内容，以高校中金融类专业的学生为教学对象，对其教学方法进行了设计。首先列出了四点疑问，一是这篇文章的主要内容是什么，目的是培养学生对文学作品的概括能力；二是文章中主要涉及的人物有哪些，这些人物的形象特点是什么，目的是激发学生待人接物的能力，让学生能够善于观察和了解各色人物；三是需要学生说明文章中所描写的人物形象刻画所起到的作用，并让学生通过人物的行为举例说明，目的是让学生发现细节，举一反三；四是让学生归纳概括所节选的文章的写作特点，目的是培养学生的概括和总结能力。这些问题的设置与学生的专业素养发展有着密切的联系，

金融类学生的专业技能就突出体现在，学生是否具备会说话的艺术，学生是否具备为人处事的艺术，学生是否具备写作的艺术，这就是在语文教学中融入学生的专业要素。在教学过程中学生可以通过分析颍考叔和庄公的说话细节来思考自己在职场中为人处事的态度以及在职场中说话的艺术技巧。

三、语文课程应在职业能力培养中产生作用

学生职业能力的关键要素很多，究竟高校的学生应该具备什么样的专业技能？各个国家的学者都对其进行了深入的研究，如英国工业联盟、教育与就业部对职业型人才的关键能力划分就包括六种要素：一是人才的交流能力；二是人才的数字运用能力；三是人才的信息技术运用的能力；四是人才与人交往和合作的能力；五是人才的自我学习和自我进步的能力以及增进绩效的能力；六是人才的自主和合作解决问题的能力。澳大利亚也对专业人才培养的关键能力进行了具体的概述，认为人才培养的关键能力主要包括七种要素：一是收集、整理和分析各种资料和思想的能力；二是与人思想交流和信息获取与共享的能力；三是筹划和组织各项活动的能力；四是与他人或者团队进行合作和创新的能力；五是自主解决问题的能力；六是运用多样的数学方法和概念的能力；七是运用各项技术的能力。

对于关键能力的表述各国学者都有不同的侧重点，但是从本质上来看有其趋同性，基本都集中在人与人之间的交往、沟通和合作上，停留在人对世界的理解和改造上。语言和文字与表达能力、思维能力、沟通与解决问题的能力息息相关，所以说语文的教学和学习十分重要，直接关系到学生关键能力的培养和发挥。因此如果旨在通过课程进行关键能力的培养，零落分散的专业课程显然难以胜任，而以听说读写等语言能力为主要培养目标的高校语文课程此时具有无可替代的优势。

高校的语文课程必须注重学生关键能力的培养，在加强实践教学的同时，与学生的专业技能相结合，在与时俱进的基础上，将语文与新闻和热点、社会生活等相结合，在课程教学中利用案例讲解和课堂讨论以及职业现场模拟的教

学方法，让学生真正地将语文技能应用到职业和生活中，适当地锻炼学生的说、读、写能力，让学生能够深入实际，去感受职业当中的氛围。同时注意积极地延伸课堂空间，语文课程并不仅仅局限在课堂内，可以将语文的教学课程适当地从课内延伸到课外，如在校内开展人文专题讲座、开展语文知识竞赛和演讲比赛、开设文学选修课程、举办校内征文活动等，让学生能够真正把语文理论知识的学习与社会实践相结合，并能够将知识转化成力量，在学习中收获快乐，潜移默化地提升自己的人文素养，不断地提升自身的写作能力、口语交际能力、职业应变能力和心理承受能力，让学生能够在无形的课程参与中提升自己未来职业发展中所必须具备的关键能力。

第二节　高校教育课程体系中的高校语文——人文性

许多专家和学者都对人文精神做过解释，学者刘梦溪曾在自己的著作中对人文学科和社会学科进行了表述。她认为，社会学科主要包括政治学、经济学、社会学、法学等学科，而人文学科则包括语言学、文学、历史学、哲学、艺术学等学科，又指出，虽然社会学科和人文学科都是以"文"为研究基础的，但是相对比来看，人文学科与人的发展更加接近，甚至可以说人文学科本身就是研究"人"的学科。语言是人类发展的基本特征，文学是人类思想的一种体现，历史是人类记录和记忆的发展，哲学则是人类思想的根本结果，所有的这些都与人的发展有着密切的联系，因此对于人文学科的研究和学习也应该具备人文精神。学者杜世忠曾经指出，人文精神的核心主要包括五个方面的内容：一是要以人为本；二是要尊重个人的意愿、尊严和自由；三是要有完人的思想；四是要强调人的精神实质；五是要注重发扬人的价值观念，提升人的文化素养和水平。人文精神始终贯穿于人的发展中，它不仅体现出一个人的整体素养，也表明人的成长与进步。所以说人文精神并不是平面中的几个点，而是贯穿于整个人类发展的一个面，人文素养的发展是一个动态立体的过程。那么高校教育课程体系中语文教学为什么要坚持人文素养呢？这与语文学科本身存在的价值和高校学生自身的发展是分不开的。

高校教育课程体系中语文课程的教学之所以坚持人文性，主要有四个方面的原因。

一、语文学科自身任务和发展的需要

语文学科在教学体系中一直处于基础性的地位，任何学习阶段都离不开语文学科的教学，语文本身就是一门综合性的人文学科，其任务不仅是要指导学生的语言学习，更重要的是要培养学生的语言应用能力，即学生是否可以通过文字和语言去表情达意，是否能够利用文字和语言去承载自己的情、意、理、趣。也就是说语文教学本身的任务不仅要指导和组织学生学习大量的语言、文字，通过对古今中外的文学著作的学习，探究各个阶段的文学现象，还要组织学生通过对文字的学习和理解去探究世界，去观察社会和人生，使他们能够通过书写和讲述表达自己的见解和看法，能够将自己的真情实感表述出来，所以"文章并不是无情物"，语文课程教学应该总是包含着巨大的人文价值，能够帮助人们更好地去认识这个世界，去理解他人。

二、实现高校语文教学根本目标的要求

人文素养主要包括三个要素，即知识、能力和素质。其中素质主要包括科学文化素质、道德素质、职业素质、身心素质等方面的内容。在高校教育中，人才的培养更看重学生素质的培养，要与国家和社会的发展以及人的自我发展相适应，在提升学生的职业素养的同时，促进学生德、智、体、美、劳全面发展，使之可以成为社会和企业所需的高素质技能型人才。现代社会职业技能型人才的需求已经不仅仅局限在职业岗位的发展中，还延伸到了整个职业生涯中，由此可见高校语文课程教学中坚持人文素养的重要性。

三、有利于发挥高校语文的应用特性

高校语文教学并不是简单的语文知识讲授，更重要的是要与学生的未来发

展相适应，不仅要培养学生的听说读写能力，还要使学生能够将所学的语文知识真正地应用到实际生活和职业发展中。所以，语文的听说读写能力不是单纯的专门能力，而是一种综合能力。之所以认为听说读写是一种综合能力，是因为这看似简单的能力其实在本质上体现了我们在语言、心理活动以及操作能力方面的熟练程度，熟练程度越高，说明具有的综合社会能力越强。此外，也可以看出，听说读写能力主要由语言、听说读写知识和技能、相当的认知水平和人文素养三部分组成。语言是人与人交流沟通的基本工具，听说读写知识和技能是一个人思想观点、行为规范、道德准则的反应，是衡量一个人知识能力的重要标准之一。我们完成听说读写的过程以及完成程度的好坏，主要取决于个人的认知水平和人文素养。所以，当教师在向学生传授最基本的语法规范和基本的社会生存知识时，除了要关注学生掌握的熟练程度，还要关注学生的精神层面，要在潜移默化中向学生传递正确的价值观念和人文理念，确保学生在掌握基本的知识和能力的同时可以不断地提升自身文化素养。

四、符合学生发展目标的要求

对于高校学生而言，开展高校语文课程，提升学生人文素养是学生职业性发展目标的要求。加强高校学生听说读写能力的培养、提升文学知识储备，可以帮助高校学生树立正确的社会责任感和工作态度，将他们培养成为有道德、有责任、有奉献精神和职业精神的优秀职业人。对于许多用人单位而言，除了最基本的职业技能外，从业者本身的思想道德素质也是极其被看中的一部分标准。一个具有优秀道德品质但是职业能力略差的从业者要远远优秀于只拥有高超的业务技能但人品极差的从业者。在能力和道德之间，只有道德没有能力的人是可悲的，只有能力没有道德的人却是可怕的，因为职业能力可以通过学习来提升，但一个人如果没有良好的从业精神和道德品质，不仅会给整个企业带来极大的损失，也会成为危害社会的不安定分子。这就告诫我们，在对高校学生进行职业能力培养的同时，也不能忽略精神文化的建设，只有兼顾职业能力和道德品质，两手一起抓，才能够符合高校的人才培养目标要求，才会为社会培养出健全优秀的人才。不论是哪一方面的缺失，都会给我们带来社会隐患，因此加强高校人文教育，是符合学生发展目标要求的。

第三节　民族文化传承中的高校语文——母语性

一、高校语文——高校中唯一的母语教育课程

中国的优秀传统文化通过潜移默化的形式渗透在教育的各个阶段，使学生在无形之中，在课堂教学以及课下社会活动中感受到博大精深的中华文化，不断提升他们的思想文化素养和文化知识水平，是各大高校在教学过程中应当注重的教学目标，也是我国培养优秀人才的重要内容之一。汉语作为我国文化的重要基石，发挥着重要的母语作用，不仅保证了我国的文化得以传承，还进一步加强了民族的认同感和凝聚力，因此我们也必须要在教育过程中兼顾母语的重要作用。在高校所教授的所有课程中，最能体现我国传统文化，展现我国母语魅力的文化课程就是高校语文，高校语文本身所具有的文化性、文学性决定了其在传承母语文化时肩负着重要使命。我国著名学者钟启泉曾经说过，语言经过数千年的发展，其本身的意义和价值已经由最早的工具演变成一种可以代表国家文化和国家面貌的新的组成部分。随着社会的不断发展，语言本身已经开始成为具有研究价值和挖掘价值的文化现象，正是由于这种文化魅力，才使得世界各国的语言文化日益丰富多彩，引人注目。

在古代西方，曾有"自由七艺"的说法，指的是身为一个自由而不受约束的人在社会上应当掌握好七大领域的知识，只有这样，才能真正被称之为自由之人，而这"七艺"指的就是七种人文学科：文法、修辞、逻辑学（合称三艺）、算术、几何、天文和音乐（合称四艺）。不难看出，在"七艺"中"文法、修辞、逻辑学"演变至今，指的就是语文学科，这"三艺"所蕴含的文化和学识都囊括在语文学科中，成为语文学科教学的重要内容。而在我国古代，语文的重要性更是不言而喻，从《大学》《中庸》《论语》《孟子》到《易经》《尚书》《诗经》《礼记》

《春秋》，无一不是在探索语文教育的重要性，这也充分反映了我国古人对语文教育的重视程度。发展到近现代，1912 年，教育部颁布《中学校令施行规则》，对语文教育提出了新的要求："国文要旨在通解普通语言文字，能自由发表思想，并使略解高深文字，涵养文学兴趣，兼以启发智德。"1923 年，由叶圣陶起草的《新学制课程标准纲要》在突出智能这一点上旗帜更鲜明，其规定中学语文教学的目的有以下几点：①使学生自由发表思想；②使学生能看平易的古书；③使学生能写语法通顺的文字；④使学生发生研究中国文学的兴趣。简单地说，就是会说、会读、会写、有兴趣。很明显，对母语教育的重视程度进一步加强，2006年 9 月中共中央办公厅、国务院办公厅印发的《国家"十一五"时期文化发展规划纲要》指出"高等学校要创造条件，面向全体大学生开设语文课"。这一规定，对全国高等学校开展正规、持久、全员的母语教育，提出了明确的要求。

我国高校作为整个国家教育系统的一部分，理应肩负起母语教育的重要责任，在坚持不断地提高高校学生职业技能的同时，也应当重视起对学生最基础的人文教育、母语教育，在学生的学习课程中根据实际教学情况，选用合适的母语教材，提高高校学生的基本文化素养，促使高校学生在掌握实践技能的同时，也可以吸收母语文化的精髓，成为一个有文化、有思想、有胸怀的职业人才。其实，重视母语教育，提高语文素养在这个文化教学体系中的重要地位，不仅是我国正在努力的事情，举目望去，世界各国无一例外地都在加强母语教育。在高校中推行母语教育，是世界各国基础教育的一个重要组成部分，也是我国高校在进行课程教育时不可忽视的重要组成部分，重视语文的教化作用，突出母语教育的优势，才是高校语文应该具备的教学能力。

二、高校的母语教育是民族文化传承的重要部分

世界各国不遗余力地进行母语教育的最终目的是使国家的每一位公民都可以受到母语文化的熏陶，从而在这种文化环境中不断地充实自己、思考，成为一个可以为母语发展和母语创造带来一定贡献的人。中国作为四大文明古国之一，五千多年的优秀传统文化博大精深，源远流长，而我们这些灿烂的文化瑰

宝之所以历经数千年而不衰，依旧历经战乱、分裂、外祸、暴政而被一代代传承下来，流传至今，最重要的原因就在于我们有一套完善的语言机制，能确保这些文化不受侵蚀而被完好地保存下来。这种语言机制中最关键的部分则在于语言文字的记录作用。语言文字是我们生活学习中最基础的一项教育，我们生活中的所有活动都与其有着密切的关联，是与我们日常生活最贴近的部分。正因为语言文字的巨大作用，所以我们在进行人文教育时务必要将语言文字教育作为最基础、最关键的教学任务。

语文是弘扬和发展母语文化的最基础学科，无论是从语文教学的最基础的拼音、笔画等识字教学中，还是从一篇篇彰显母语文化的文学作品中，我们都可以看到语文课程对母语文化和民族情感最基本的传承、教化作用。在高校开设的各个学科中，我们不难看出，高校语文对母语文化以及我国优秀传统文化的传承和发扬尤为明显。高校语文所节选的文章、诗词都是从我国的文学宝库中精挑细选而来，根据各个阶段的特点选取适合的文化知识对学生进行教育，进而促使不同阶段的学生可以在无形中感受到人文教育的精髓，在潜移默化中感受我国优秀文化的气息，进而内化为自身的道德品质。值得注意的是，我们所学习的高校语文并不是一味地学习古代的优秀文化而对当下的社会进步思想不闻不问，无论是语言还是文学都具有与时俱进的特点，因此，我们在高校语文中所收获的除了中华优秀传统文化精髓，还有许多当下的价值观念和生活态度。

对于高校而言，开设高校语文的目的除了教会学生掌握与其学习能力相当的基本语言技能之外，最重要的就是思想上的熏陶和感染，这也是高校语文最终的目的。高校语文的学习，可以帮助高校学生不断提升自身的文化素养，树立正确的生活态度和人文精神。高校的学生之所以会出现基础知识薄弱、语言能力不足的问题，原因就在于对自己的母语缺乏热爱之情和敬畏之心，学生无法从语文课程中感受到母语文化的精髓，也无法领悟到文学诗篇中所蕴含的普世价值和道德观念，因此，高校语文课程应当改变当前的语文教学现状，积极探索，梳理新的教学理念，采用新的教学方法，带领学生重新走进母语文化，培养学生自觉的语文观念。

综上所述，职业性是高校语文课程所独有的课程定位，这与高校本身的教学目标和人才培养目标密不可分，只有充分发挥出其本身的职业性，才符合这门课程本身的课程目标，才可以帮助学生养成良好的职业素养、职业态度；人文性是高校语文作为语文课程的一个分支所必须具备的一项课程属性，这是区分其与自然学科的根本标志，也可以弥补高校教育课程体系过于工具化、实践化的不足；高校语文是传承民族优秀文化的重要载体，是传承民族优秀文化的母语课程。帮助高校学生学习博大精深的中华优秀传统文化，树立民族意识，培养民族归属感和认同感，是高校语文应有的功能。

第三章　高校语文教学创新思维研究

第一节　创新思维在高校语文教学中的作用

一、创新思维的含义

创新一词起源于拉丁语，包含了更新、创造新事物以及改变这三层含义，创新思维并不是一个近些年才出现的词，这个词在经济领域、学术领域等都十分常见，它指的是利用崭新的角度、方法去解决问题的思维过程，而不是保留常规传统，故步自封。创新的思维在应用方面具有十分广阔的范畴，创新思维的应用包含了事物、方法、元素、环境等多个方面。创新思维是人的大脑对于外界信息接收之后进行的一种反应，创新的灵感来源和能力来源也离不开现实社会。在我们生活的这个社会当中，已经存在形形色色的框架体系和事物，但是如果只停留于现状，那么就会无法满足时代的变化以及更多的需求，创新思维开展的过程从本质上来讲也是社会进步以及人类思维能力提升的表现。

创新思维拥有两个最为主要的特点：一是独创性，二是变通性。独创性指的是创新思维在应用的过程当中会具有与他人不同的特点，每一个人的思维都会有其各自的特点，而不是趋同的，在传统的思想根基之上，创新思维展现出了自身独特的魅力。变通性即是指对一个问题或者是事物进行思考的过程当中，可以不局限于一个思维角度，而是应该全方面地去看待问题。针对一个问题开展思考，并不是固化地仅仅使用一个思路，这种方式无法带来真正的创新思维，利用变通的方式才能够使得思维得到开拓，使得生活以及学习当中积累的经验应用到多个问题之上。创新思维可以说是人类进步的一种表现，如果没有创新思维，那么生产和生活的方式就会一成不变，就更加谈不上进步和发展。从人类文明产生开始，创新思维就一直对历史进程起着推动的作用，新的生产方式带来了社会的进步，新的生产关系出现也促使社会从奴隶制走向封建社会再走向资本主义社会，并且朝未来不断发展。创新思维在历史当中所起到的重要作用不仅反映在史实之中，在当代，创新思维也继续发挥着它的作用。例如在学术方面，创新思维推动了学术科研不断进步，并且创造出对人类、对社会有价值的成果。创新思维在高校语文当中也起到了重要的作用，在语文的学习过程当中，也能够发现创新思维的存在，创新思维帮助学生以及老师冲破传统学习方式的束缚，从而探索语文学习更深的奥秘。一名教师，首先要努力学习创造性思维理论，积极学习，保持创造性思维的观念、基本形式、基本方法和技术训练，强化教学中的使命感和责任感，树立创造性思维；其次要努力学习，充分熟悉教材，我们必须通过假期等时间阅读、分析和注释教材，梳理适合创造性思维训练的课程，并从教学目标的确定中引入教学过程的设计、问题的讨论和课堂气氛的调动多角度进行。从新思维的角度来看，我们应该精心准备。这样一来，教师有适当的探索深度，才有可靠的保证。

二、创新思维在高校语文教学中的必要性

高校语文的教学并不单单需要提升学术方面的能力，更是需要帮助学生培养创新的思维，使得学生能够有效提升自身的思维水平与能力。高校语文在高校的整体课程规划当中占有十分重要的位置，高校阶段对于文学方面的学习是必不可少的，文学与我们的社会生活之间的联系非常紧密。从小学阶段到高校阶段，对于语文的学习都不应该被忽视，语文作为一门语言和文化的综合学科，学习、生活、工作都离不开它，语文教学的内容就是帮助学生学习语言文化，帮助学生进行思想的交流。语文教学当中所讲究的听、说、读、写等能力，为学生在其他学科的学习过程当中也提供了基础，所以语文被称为工具学科。高校语文学习的过程当中，除了对语文基础知识的掌握，还应该重点关注创新思维。

在高校语文的教学过程当中，创新思维能够有效帮助学生提高对语文学习兴趣。高校教育阶段，学生对于学习的兴趣经常会受到各种因素的影响，很多学生在经历了高考之后会放松自身的学习，在高校阶段忽视了认真学习的重要性，进而导致学习质量下降。同样被忽视的还有高校语文的学习，学生在语文课堂上以及课堂作业完成的方面一旦具有消极的态度，便会使得这门科目本身的价值不能够得到有效的发挥，同时这也是对教育资源的一种浪费。教师在教学的过程当中通过多种手段培养学生的创新思维，学生自身也需要意识到创新思维对于自身能力提升的重要性。在课堂上教师采用传统的授课手段，这种教育的方式对于学生来说无异于是一种单向输出，不能够调动起学生的兴趣，同时还会导致学生对于这门学科失去好奇心和探索心。缺乏创新思维的课堂变成了思想的终结地，没有思想的碰撞与知识的交流，课堂仅仅就成了学习生涯当中生硬的形式，丧失了其本身的意义。

创新思维对于高校语文教育的重要性还体现在消除历史习俗以及传统文化当中消极因素对于高校语文教学所产生的不利影响。语文学习的内容涵盖了我国的古代文学、现代文学，丰富的学习内容当中所蕴含的知识种类很多，数量也较大，而开展语文学习时，需要注意的一点就是要能够识别其中的优秀内容，并且摒弃掉消极的部分。例如在学习古代文学的过程当中，创新的思维可以帮助学生们吸收其中优秀的思想精华，而不是将思维也固化在传统的文言文当中，文化是一个时代的见证也是一段历史的反映，创新思维是提升语文学习质量的推动剂。创新思维在高校语文的学习当中能够有效地针对教学模式的封闭、思维模式的僵化等产生重要的影响，帮助学生立足于书本的同时也让眼界变得更加开阔。

学生不仅仅需要学习各种学术方面的知识与技能，更重要的是能够建立起自身的思维框架体系。创新思维的培养有助于提升学生自身的思维能力和探索能力。缺乏创新思维的高校语文将无法有效地为学生和教师带来真正的提升，创新思维的匮乏也会导致高校语文的教育僵化，停滞不前。高校语文教学效率过低的窘境在当下已经不少见，而这一根源也正是由于教师在教学过程当中对于学生创新思维缺乏重视以及培养，学生在学习时，教师所传授的应是语文的核心部分，更多的内容还需要学生自己加以探索和创新，只有这样才能保证语文教育的积极性以及活力，也会保证学生在经历高校学生涯之后可以有效提升自身的语文能力以及对于语文的理解。高校语文学习阶段，教师和学生两个主体需要共同促进创新思维的培养，深刻认识到创新思维对于高校语文教学的重要性。智慧的火花在提出问题和解决问题时常常神采奕奕。勇于发现问题和提出问题是所有优秀人才必备的素质。爱因斯坦曾经说过，"提问往往比解决问题更重要"，因此，我们需要唤起学生的好奇心，帮助学生找到学习的关键，这是创新的起点。提问是一种从已知到未知的心理表达。它是创新意识的具体体现。在教学中，应注重引导学生在实践中学习提问的基本方法。

三、创新思维在高校语文教学中的职能

创新思维在高校语文教学当中的职能体现在了多个方面，其一是体现在了语文教学的德育职能方面。高校学生在高校期间进行学习时，德育是十分重要的一个部分，高校语文课程对学生对于世界的认知和了解程度进行了深化，德育在高校语文当中所扮演的角色也是不可或缺的。德育从广义上来讲，是针对社会成员开展的有目的的道德影响和道德教育，但是就学校而言，学校的德育主要是指教育者有目的性地对受教育者开展思想、政治以及道德等方面的教育。在高校语文学习的过程中，德育成为最关键的部分之一，离不开教育内容的规划。我国的教育事业发展伴随着社会的进步也在不断进步，并且在德育的推广和延伸上也取得了一定的成绩。无论在学习的哪一个阶段，缺乏德育教育，都会无法培养出学生健全的人格和良好的品质。就德育工作的发展现状来说，我国的德育工作已经取得了一定的成绩，并且还在迈向更好的发展阶段，但是如何提升德育的质量以及更好、更有效地开展德育工作，离不开创新思维的培养以及应用。作为高校语文教育的首要目标之一，高校语文必须坚持的就是以德育为先，而创新思维和德育之间的关系也是密不可分的。创新思维在高校语文教学当中发挥出的德育职能，能够有效提升学生对于自身道德修养和各种责任意识的认知，并且帮助教师开展有效的教学活动。高校语文的教学内容当中，

能够充分体现出德育的内涵，在语文教材当中的各种文章，或是饱含忧国忧民思想的诗词，或是慷慨激昂催人奋进的现代文，或是记录了传统美德的故事，都能够为高校学生带来感悟。教师通过讲授，帮助学生利用创新的思维去看待学习的内容，并且能够有效结合创新思维提升自身的文化修养。学生在教师的帮助下，也使得自身对文学作品当中的内涵有了更深的理解，从而锻炼了自身已有的创新思维。

创新思维还能帮助学生提升自身的交际能力，这也是创新思维在高校语文教学当中的重要职能之一。高校语文是一门工具学科，语文的学习离不开其在生活当中的应用，没有应用的语文也就不能够体现出实用价值。语文在学习和应用的过程当中，教师与学生结合创新思维，才能够有效地提升自身的交际能力。例如在生活和工作当中，对于各种格式的公文、材料书写等，都离不开语文的基础知识，同时也必须具有一定的创新思维，才不会让书写的内容和形式传统老套，这也能够成为在工作当中凸显自身能力的一个方面。创新思维在应用的过程中，发挥出了其在帮助学生提升交际能力方面的重要职能。

创新思维还能够有效帮助学生获得多元的文化思维。文化的领域是浩瀚无垠的，只有拥有多元的思维以及广阔的眼界才能够真正地成为一个具有内涵和深度的人。语文学习是一个积累经验、巩固基础同时也需要提升自身创新意识的过程，学生在教师的辅导下提升自身的创新意识，这样才能够拥有广阔的眼界，使得自身对于语文的理解以及兴趣不会仅仅局限在书本当中，而是将目光转向广阔的领域。语文学习仅仅是对文学领域的一部分探索，而更加丰富的文学和知识领域则还是需要创新意识和探索精神不断挖掘。

第二节　高校语文教学创新思维的策略

一、培养语言想象思维

想象对于学习来说，无异于是为到终点开辟了多种新的道路，想象思维的培养也是高校语文教学当中培养创新思维的有效手段。爱因斯坦就曾经说过："想象力比知识更重要，因为知识是有限的，而想象力包含这世界上的一切，并且推动着社会发展，是知识进化的源泉。"由此可见，想象思维对于创新思维的培养乃至对于整个高校语文的学习具有多么重要的意义，因此，高校语文学习也必然离不开想象思维的认知、构建以及应用。只有转变观念，在语文教学的各个方面贯彻启发式原则，培养学生的想象力，才能真正贯彻素质教育的精神，提高语文教学的质量，培养创造型人才。想象是在头脑中创造新事物的过程，或是根据口头语言或文字的描述形成相应事物的形象。它是人类最基本的心理活动，是在原有感性意象的基础上创造新形象的心理过程。在生活的实践中，人们不仅可以感知当时所做的事情，而且可以回忆过去得事情，不在眼前但又经历过的事情，并能够形成自己从未经历过的事物的新形象。在其他人的描述基础上，根据自己现有的知识和经验利用语言或文字描述形成相应事物的图像。

想象是我们的固有能力。可以说，想象力在我们的头脑中建立了"另一个世界"。我们想象另一种可能的历史，想象乌托邦的道德社会，我们沉浸在幻想的艺术中，我们回顾过去所做的事情，同时我们仍在想象未来可能会发生的事情，例如宫崎骏、迪士尼或皮克斯动画工作室的人想象的空间，但实际上他们是根据自己的日常经验创造了一系列经典作品。在语文学习的过程当中，想象力的地位也是十分重要的，如果缺乏想象的思维，那么语文对一个人来说就只有死板恪守的印象，语文的美感以及其散发的独特魅力就会无法为人所知。在历史的长河之中，语文想象力的作用发挥得淋漓尽致，例如在我国广为流传的神话故事里，想象思维就起到了很大的作用，神话故事当中的各种人物、情节，无一不来自于劳动人民丰富的想象，并且构建出了一个完整而又神圣的东方世界。仅以我国四大名著之一的《西游记》为例，通过神奇的想象再现了唐僧取经路上的磨难与艰辛，还有天宫与地府的神奇魔怪，把人的精神世界展示得淋漓尽致，展现出文学的无穷魅力。

想象思维本身其实并不是一个遥远陌生的概念，它存在于我们的身边，并且很长时间以来都影响着我们的生活。想象力是一个人从小就具备的能力，例如孩子看天上的云朵，会结合形状来猜测各种各样的事物，将云朵和生活当中的东西结合起来，这就是想象力的应用和迸发。小至儿童玩具，大至飞机、轮船的发明，这些都离不开想象思维的作用，想象思维对于创新思维来说必不可少并且十分重要。想象思维是建立在人对于现实的基础认知以及自身的想象能力应用之上的，因此在高校语文的学习当中，学生如果想要培养创新思维，也需要从想象思维的方面着手，这样可以帮助其在很大程度上拥有更好的思维创新能力。语言想象思维必须保证学生可以拥有对于周边事物的感知，帮助开展语文的思维拓展，这样不仅能够提升语文学习的能力，还能够有效帮助自身拥有更加深厚的想象能力。

二、培养文学联想思维

文学拒绝直接表达理性思维。无论是接触场景还是观察、思考事物或突然开悟，都要看具体情况。对象的形象客观存在，它一旦被人们感知，就会给人以感觉和思想，客体形象便不再是客观的，它就成为情感和思维的文学形象。对象之间没有逻辑连接，没有逻辑上的联系。这种非逻辑的联系整合了人类的情感，表达了人们的灵感和洞察力。联想思维的非逻辑性，只是不符合生活表面的逻辑，其实正是事物与情感的深层联系，所以显得合情合理。台湾诗人余光中运用联想思维把乡愁与邮票、船票、矮矮的坟墓等系列意象组合起来，联想奇特，但合情合理，把乡愁这一人类普通的情感表达得深刻而沉重，尤其最后一句："乡愁是一方矮矮的坟墓，我在外头，母亲在里头……"

文学创作依赖联想思维传达情感和意义，与逻辑推理、逻辑论证和逻辑判断相比较，简洁明了。联想思维的影响不是说服，而是感染，它比理性的说服和论证更强大、更长久。当一个作家开始写作时，他常常觉得自己没什么可写的，其中一个重要的原因是视野不够宽，从而无法写作，缺乏联想思维导致文学创作过程受阻。传统的写作理论往往认为作家的生命积累和阅读积累是不够的。但在笔者看来，一个有一定阅历和阅读经验的成年人，积累了知识和经验，造成上述写作困境的原因是思维不活跃。因此，加强对发散联想的训练，可以拓宽视野，拓展思维，充分调动写作中知识和经验的积累和记忆，进行多向、多角度、多层次的联想，并举一反三，由一个编撰新颖的主题，引出一篇全新的文章。根据不同类型的文章，可以运用不同的发散联想来挖掘材料和情节，并进行良好的思维品质训练。虽然反向联想有助于突破思维的枷锁，提炼新思想，还可以培养思维的独立性和批判性，但要使这种思维训练和写作应用达到理想的效果，我们也应该要注意实事求是等问题，这就意味着我们的思想应从实际出发，尊重事实，尊重事物发展的客观规律，不能因为求新的差异而使结论偏离客观真理和客观规律。善于比较分析，即在分析、比较、认同和选择的同时，或以同样的方式寻求相同的，或找到最好的观点，写文章时如果将思维局限在了一个方面，便无法有效发散，就会造成文章内容的僵化。

隐喻是联想思维中相似联想的体现，对比修辞是联想思维中对立联想的体现，在联想中的体现性思维，如修辞、引文修辞和转喻。通过这种认识，学生的语言表达能力和思维能力在经过一定的训练后有所提高，这正是因为想象在写作中起着重要的作用。在作文训练中，培养学生的理性想象力是非常重要的。文章中反映的客观事物，一般都是来源于生活的现实，并在此基础上被升华。文章是客观事物在客观思维中的反映，即作者观察客观事物，通过思考，然后以语言的恰当形式表达客观事物。阅读教学是分析文本的语言，引导学生想象文章中表达的客观事物。我们不仅要想象文章中反映的客观事物，还要想象作者对事物的思维过程。我们不仅要想象作者直接看到的东西，还要想象作者未曾直接表达的意思。学生从创作的角度理解作者写作的过程，知道如何去想象，这才是高校语文教育所追求的目标之一。

三、培养写作多元思维

人的知识是以感性为基础的，通过思维过程，大脑中的认知过程突然发生变化，从而导致多元思维的产生。人们把握事物的本质，理解事物的规律性，在这个过程中，思维的深度在于深入思考，把握事物的规律和本质。只有这样，我们才能真正理解事物。因此，培养学生的深层思维有着重要的意义。培养学生思维的关键是使学生的思维从外到内，循序渐进。这就要求教师设计的教学手段要以思维的深度为导向。因为学生没有进入社会，他们的生活经验是有限的，有时他们看不到足够全面的问题。普遍接受理论体现了实践检验的普遍性和科学性，它是人们理解事物的思想武器，有助于人们理解事物的本质。因此，在教学活动中，我们应该教会学生使用一些公认的理论来理解事物，这可以培养学生的思维深度。所谓多方向训练，就是培养学生多方位、多角度、多层次地思考问题，寻求对问题的正确认识，寻求各种正确的解决问题的方法。多向思维训练的目的是培养学生在短时间内产生正确思维的能力。这种训练不能满足已经找到的正确答案，在此基础上，我们应该继续寻找新的正确答案。思维的敏捷性与判断事物的决定性密切相关。敏捷性的前提是果断性。犹豫不决，甚至当我想到它的时候不敢说，这是不灵活的。在教学过程中，教师要有意识地去培养学生的决断力。因此，我们不妨改变学生回答问题的方式，一般情况下，教师首先提出问题，留出一些时间让学生进行思考，然后在基本了解问题并产生了自己的想法之后，举手回答问题；然后老师点名，学生回答。这样，问题和答案之间就有了更大的灵活性，学生也有了缓冲过程。如果学生想回答，那么就可以思考并举手；如果学生不想回答，也可以慢慢地思考；如果想不起来，那也没关系。为了培养学生的思维能力，从而逐渐培养学生的思维敏捷性，回答的形式可以变成：一些学生站起来准备回答，然后老师突然抛出一个问题，让学生立即回答，看谁回答得快而准确。这种回答问题的方式是一个快速的过程，学生的思维敏捷性可以得到充分的反映和训练。

四、培养艺术鉴赏思维

欣赏本质上是一种审美能力，在发展的过程当中人们保留不同的审美情感，并且主要表现在对美的理解和评价，接触某种生活的美好事物的形式和内容都会对人的艺术鉴赏思维产生触动。美学思想的思维观一旦触及事物的形式和内容，审美环境就会激活审美思维，每个链接和元素都应该在交互评价中进行。因此，就语文阅读教学而言，为了鉴赏操作与设计，描绘审美主体的艺术形象能力至少应包含两个方面。一是欣赏审美主体的审美形象。欣赏主体应具备把握艺术美的整体魅力的能力。其实，正是这样，欣赏过去积累的生活经验和情感体验，最终实现了情感的认同，是一种新的整合，进而创造审美的思维和审美理解的"发现"。二是审美愉悦与审美理想相联系，是审美思维的表达。实践证明，升华只是一种新的审美意象，它已成为审美思维的新体验和组合，它在头脑中有完整体验。可见，审美思维是艺术形象的快速特征。艺术形象可以为观察和改造审美形象提供催化剂，可以唤起对审美体验和理解的想象空间。由此可见，培养学生审美思维的关键在于增强学生的积累和鉴赏能力。在日常教学中，有两种认识误区：一是强调知识的重要性，以知识为学习的目的，以知识为研究对象；二是片面强调具有创新精神的审美与鉴赏。通过学习与探索，我们获得了具有自身特色的思维方式，并且在结合了创新的精神之后，往往可以针对一些文章、作品产生不同的见解。只有保证了艺术鉴赏思维的创新性，才能够有效促进艺术鉴赏的发展。

五、培养逻辑思维

与学生逻辑思维能力的培养和丰富的研究成果相比，目前有关语文课堂上高校学生逻辑思维能力培养的研究相对较少。在语文教学中，对学生进行最基本的听、说、读、写训练，这四种能力是由语言能力和思维能力决定的。因此，语文教学中应重视语言和思维训练。要体现语言的核心作用和思维训练，关键在于要能够处理好语言的训练和思维训练之间的关系。就一般要求而言，我们必须防止与思维训练分离，单独从事语言训练，有机地结合这两种训练。

语言训练与思维训练相结合的原因在于，学生的思维集中于语言的发展需要扮演的角色。例如，学生作文中词语或句子使用不当的问题是形式上的语言问题，同时也是内容思维的问题。一个学生不能正确理解和应用这个概念，就不能对事物做出逻辑判断。事实证明，学生的语言总是遵循他们的思维发展。如果我们不重视思维训练，学生不仅会受到思维的发展的影响，而且语言的发展也会是不健全的。因此，在语言训练中应做好思维训练，并将两者有机地结合起来。

思维训练在语文教学领域中非常普遍，并不少见。问题在于这种教学活动自觉和不自觉地发挥着不同的作用。如果有一种思维训练，在课堂上做这种活动时，要有意识地针对教材和学生的实际情况，适当地传授思想知识和思维方式，并保证学生可以将这些思维方式应用到自身的学习实践当中。不难看出，作为一名语文教师，在语文教学过程中具有或增强思维训练的意识是非常重要的。运用逻辑知识提高学生积极的逻辑思维，是提高作文教学质量的重要途径。我们应该把握学生的思维"火候"。

总之，提高思维能力是所有学科的共同任务，而语文是首要的责任。因为语言和思维是形式与内容的关系，我们必须在很大程度上提高语文教学的质量。我们必须把逻辑常识渗透到语文教学的各个环节，慢慢向学生普及的逻辑常识。语文是一门实践性很强的学科，语文学习的质量直接影响着其他素质发展。因此，在语文教学中应做好学生逻辑思维能力的培养。从根本上讲，学生要依靠语感来发展语言文字交流和对话。听、说、读、写有助于学生理解自己的思维规律，学会正确地运用自己的思维规则，理顺语文课程中的逻辑思维和形象思维。

第三节　营造创新思维环境

一、营造民主教学气氛

在高校语文教学中，最好的办法是避免这种只解释段落、中心思想、词汇等僵化的知识，而忽视学生的感受的教学氛围。因此，调动课堂气氛，创新教学内容，增加生活实例分析，结合教材内容，结合学生生活实际，是提高学生学习兴趣的重要途径之一。

例如，在解读柳永的《少年游·参差烟树灞陵桥》这首词时，首先，我们可以教他们一些灞陵桥的历史，甚至引导学生去感受河两岸的青柳烟雾，使学生们有更深刻、更身临其境的感觉。其次，让学生通过小组讨论参与课堂互动，提高学生的分析能力和团队合作能力，调动高校语文的课堂气氛。尽量把上课时间交给学生，引导他们自主阅读、讨论和发言，让他们积极参与、交流、合作、开展小组活动，让学生参与课堂，消除课堂上"灌水"的节奏。如果学生有参与意识，他们可以打破单调的课堂。因此，学生可以以小组划分和小组讨论的形式参与课堂，讨论一种文学现象、作者的思想和文章风格。再次，每个小组选出代表来显示小组讨论的结果，并实施奖励积分。最后，需要更多的师生互动，调动高校语文课堂学习氛围。师生互动有助于营造民主的课堂气氛，是构建新型师生关系的重要步骤。教师在教学过程中要保持微笑和蔼可亲，应该自然、大方、冷静，随时与学生保持目光接触，以真情实感感染学生，营造和谐的教学氛围，积极与学生进行交流，真正实现师生互动。教师还可以根据课程的需要安排辩论、演讲比赛和诗歌朗诵，教师也参与其中，作为策划者或评委，能够激发学生参与的积极性，锻炼他们的口语能力，提高他们对语言学习的兴趣。

经过高校语文课堂气氛的一些尝试性改革，学生对高校语文学习的兴趣有了很大的提高，学习的自觉性也有了很大的提升，不再是以往的完全被动式学习。大多数学生可以从学生的课堂实践中欣赏诗歌、散文、小说等作品。学习语言，写作实践是必不可少的。评价优秀学生作品无疑是调动高校语文课堂气氛的又一法宝，在学生的作品被评价之后，学生能够更加清楚地认知到自身的不足与优势，因此可以有效地对自身能力开展针对性提升。教学活动结束后，可以要求学生模仿教学内容或部分评价内容，并且进行相应的写作练习，巩固学生的写作能力。比如，在唐诗和宋词的教学中，指导学生模仿自己喜爱的诗人或诗人的写作风格，在课堂上构思新的作品，在下一堂课上展示出优秀的作品。课堂上拥有的良好训练氛围，也成了提升学生自主学习意识的重要原因。改革的有效之处在于提高了学生的写作能力，从学生的考试反馈来看，经过几次调动课堂气氛的尝试，他们对自己的日常生活更加充满自信。例如，在学习优秀的诗歌之后，学生可以根据自己的兴趣创作诗歌。一些学生对小说更感兴趣，就可以开展小说专题学习与讨论，引导他们自己主动"试水"，进行小说创作。总之，良好和谐的课堂气氛是对美的一种享受。调动语文课堂气氛的新尝试，如小组讨论、师生互动、课堂展示等，可以使学生和教师建立良好的课堂关系，调动学生学习语文的积极性，提高他们的写作能力，让学生相信老师教学的方式。

二、开展语文沙龙活动

沙龙活动原意指的是在上层人物的客厅当中开展一些文化和艺术的交流，欣赏艺术作品，但是这个概念在发展的过程当中也逐渐拥有了新的内涵。语文沙龙活动实行"上课—说课—评课—讲座"的顺序，每位教师积极参加听课、评课活动，切实解决好课改中遇到的一些问题。为了提高沙龙活动的实效性，可以邀请一些具有一定经验的教师开展。语文沙龙的目的必须能够得到有效的贯彻落实，语文沙龙是为了能够有效提升学生的语文学习能力，并且在教师指导之下能够体现出创新的思维，为创新思维打造一个交流和发展的良好平台。在语文沙龙活动当中，仍需要注重的一点就是要能够保证学生在沙龙当中的主体地位，学生不同于教师，教师具有丰富的经验以及阅历带来的自信，学生由于没有进入社会，故而对于一些事物的认知较为浅显，往往会在沙龙当中显现出一些不自信和害怕，这时就需要教师能够帮助学生克服恐惧的心理，并且帮助学生大胆说出心中所想，帮助一个班级甚至是一个专业内部的学生开展有效的交流。文化沙龙除了对于学生能力的提升有帮助外，对于一个良好学习氛围的构建也有十分重要的意义。学生参与文化沙龙时，进行思维的碰撞，其所拥有的创新思维得到了更加广阔的探索空间，并且可以和其他人产生交流，这样一来也更加便于学生在思维的高度上得到提升，而且良好的氛围同时也能够带动一个专业、一个学校内部的学习积极性上涨。饱满的激情能帮助学生们在知识的海洋当中探索与遨游，与他人进行思想的碰撞，产生出新的火花。学生学习并不是一个封闭的过程，利用文化沙龙的形式能够真正地促使学生开展创新思维的应用，创新思维在交流和融合当中得到发展，而学生自身的能力也在其中不断地增强，这样才能够真正体现出创新思维对于高校语文教育的重要作用，教师也能够更加有效地发挥自身的指导地位，帮助学生培养创新思维，塑造健全人格，并且也能够提升自身对于语文教学的认识，同时使学生和教师之间的关系更加密切。

三、创办文学社团

社团活动有助于提高综合素质，所谓素质就是一个人在社会生活中思想与行为的具体表现。个人的智慧和气质是品质形成的起点。外部世界的直接经验和间接经验是品质形成不可缺少的因素。在加工外部材料的过程中，主体逐渐建立起自己的认知结构、情感结构和行为模式，最终以能力和价值的核心内化为个体素质，并与人格特征相融合。个人对待特定事物的态度和处理特定问题时所运用的知识和技能是语文能力和素养的外在表现形式。组织的特殊培训是学生语文能力培养的重要影响要素，在重复训练中，学生形成了一定的气质或个性，这是社团活动对提高学生个人"素质"的作用。知识和技能的使用是质量的外在形式，这是从静态的角度看的。事实上，"知识与技能的运用"是素质形成的重要途径。实践是"真知识"，社团活动的重要价值是促进学生素质的形成。学校文学社团的建立，可以为学生创造良好的创作氛围，激发学生的创作兴趣，提高学生自身的创新能力，有利于推进素质教育和创新教育。它可以为学生个性特征的发展提供更加广阔的舞台和空间，还可以培养学生的创新意识和创新能力，提高学生的写作能力和审美能力。学校竞争越来越激烈，有压力，会有更多的学生利用各种有形和无形的方式来提升自身的能力。如果因为学生的学习不好，导致教师对于学生的评价不高，那么首先教师应该对学生进行一个客观性的综合评价，保证除了成绩以外还能够考查其他部分，例如学生在文学社团组织活动中的表现。创办文学社团组织，是帮助教师更加了解学生的一种重要手段。

四、自办语文学习报刊

哈佛大学前校长爱略特说："如果一个人养成每天读书几分钟的习惯，那么 20 年后，他的思想就会大大改善。"因此，我们应该善于引导学生拓展课外阅读。我们不仅要按照课程标准完成对名著的阅读，还要坚持每周开放课外阅读，把名著和报刊推荐给学生，或是欣赏书籍，或是在自己的书上遨游。学生可以理解作品，欣赏作品中的佳作。此外，学生还应该通过各种其他方式积极地开展课外阅读，如网上阅读等，当然都是可以实现的。通过阅读更多的书籍，我们可以养成良好的阅读习惯。因此除了教材以外，自办语文学习报刊是提升学生语文学习水平的一种有效举措。

课堂的空间毕竟有限，课本范围也受到限制，学生的视野不能看得更远，见不到更精彩的更广阔的世界，因此要让学生充分感受到生活处处皆语文，向更广阔的天地延伸。作为语文学科，所选的课文内容丰富，经典规范，但数量有限，想在思想上培养学生的人文精神，提高学生的文化素养，应该保证每天读更多的课外文章，补充更多知识养分。报刊应列为首选。自办语文报刊的意义在于，学生能够自己动手搜寻资料，并且排版印刷，保证语文报刊的组稿、出版、印刷全过程都由学生完成，提升了他们对于语文报刊的了解。要让学生把语文学好，需要知识的阳光普照和雨露滋润，更需要把这营养充分吸收。如果语文是道大餐，每天有教材作为正餐让学生吸收它们的精华，还远远不够，该有合理的语文营养餐作为补充，那样才能更好地消化，充分地吸收，使学生身心健康，积极向上，文思敏捷，才华出众。自办语文报刊过程中，无论是撰写稿件的学生、负责排版的学生还是负责印刷下发等后勤事宜的学生，都能够得到有效的锻炼。

在语文课堂教学中培养学生的语言素养也是培养创新人才的需要。拥有丰富知识和经验的人比只有一种知识的人更有可能产生新的联想和独特的观点。《语文新教材》强调学生的发现和创新的发展，勇于提出自己的观点。在积极主动的思维和情感活动中，我们可以得到一种独特的感受和体验。语文教师不仅要有意识地引导学生在课堂上结合其他学科的知识，而且要把语文知识应用到其他学科中去，从而使所有的学科都能有所提高。也就是创办语文报刊的方式，还可以成为其他学科学习的启发，学生创办各个科目的报刊有助于提升对学习认识的渗透和综合性了解，教师也应该有意识地引导学生进行课外学习，如收听电视广播、讲故事、阅读报刊、写日记等，关键在于大量的课外阅读，"汲取生活的水", 提高学生的观察力、想象力和独立思考能力, 培养学生的创新精神和实践能力。

五、创建语文学习网站

改善师生沟通环境, 通过资源共享实现师生交流的目标。例如, 在部分教学的扩展中, 要求学生写一些关于环境保护的短文, 并发表在互联网上, 互相分享。教师还可以使用 QQ 群、微信群和投影设备等多媒体工具, 为学生提供典型文章, 共同讨论和一起编辑, 欣赏优秀作品。此外, 在网络平台举办论坛, 让教师、学生之间产生互动。教学结束后, 组织学生在校园网论坛上讨论社会热点问题, 这是一个开放的交流, 不受时间和空间的限制, 它可以进一步激发学生的主体意识和独立的思考。教育主题学习网站是教育活动的网站, 显然, 专题学习网站离不开这个基本功能或任务。主题学习网站是一个以资源为基础的网站, 它是在网络环境下研究的与一个或多个学习主题密切相关的形式。专题学习网站是一个专注于一个或多个课程和与课程紧密相关的学习主题的资源学习网站, 它可以用来存储、传输和处理教学信息, 它还允许学生自主学习和协作, 并可以在线评估和反馈学生的学习情况。

主题学习网站, 通过创设一系列贴近实际的情境、问题和主题, 让学生通过合作、交流和互动来探索和研究一门学科, 从而获得对学科的认识, 即知识结构的形成。主题学习网站虽然是对特定主题或单个主题的认知探索, 但主题学习网站或资源的内容不是单一的, 它可以包括与主题和渠道相关的各种资源, 如与文本相关的图片、音频和视频。此外, 内容的形式也可以改变, 它可以是一个科学理论的总结或一个案例的经验总结, 只要它能服务于一个主题的进一步发展, 就可以看作是一个主题的收集。当然, 其中的内容必须科学合理。

第四章 高校语文创新教学的基本原则

第一节 高校语文教学原则的实质

一、遵循语文教学的基本原理

语文教学在当下已经成为教育体系当中最为重要的环节之一，而高校语文教学的基本原理体现在以下几个方面：

一是"发面"原理。所谓的发面在传统的北方所使用的是"面肥"，这种物品也就是上次发面所剩下的活酵母，能够有效地在一定时间之后使面发起来，这种道理对于语文的学习来说也是同样适用的。在语文学习的过程当中人们往往经历了多个时期，无论是幼年期、儿童期还是少年期，都主要表现为以下的特点：理解能力较弱，但记忆力相较于成年时期更好，这种情况所带来的影响是在前期对于知识的积累十分重要。学习语文时，需要能够在较短的时期打好基础，这样才能够成为"面肥"，帮助后期开展更加深入的学习。无论是学习文言文还是现代文，又或者是古诗词等，语文的基础都会对学习的成果带来十分深刻的影响。在高校语文学习的过程当中，语文的基础对于学生来说影响十分重要，学生即使在前期缺乏基础，但是为了能够更加深入地学习语文，也需要能够将基础的学习作为语文学习当中不可或缺的一部分。

二是"不求甚解"。在语文学习过程中，学生对于语文各种知识的疑问并不一定非要寻求到"标准答案"，原因有很多，首先语文自身就是一门充满感性和个性的学科，正如对一个角色可以有多种解读一样，对于语文，学生也可以采用多种理解方式去学习，语文的学习往往离不开的是一些主观色彩，语文学习不能够全部都寻求到标准答案，往往很多语文的答案也是因人而异的。"不求甚解"这个词对于其他科目的学习来说是错误的，但是对于语文来说也正是语文学习的原理之一，语文的美感以及感性来源于自身的学科特点以及它的文学内涵。语文不求甚解还能够体现在对于学习的方式上，很多学生在语文学习当中遇到了一些问题，就去一心寻求解决的办法。但是语文学习是一个具有深度的过程，某个阶段可能并不适合去解决这一问题，这也就需要学生能够先积累"量"，再有质的飞跃，只有这样才能够真正地实现从量变达到质变，帮助探索语文真正的奥妙。对于文章来说，每一个阅读的人都会进行自己的加工和再创造，这也正是创新思维在高校语文当中的一种体现，创新的思考方式、创新的探索方向都会为语文的学习铺设更多的道路。

三是书面语发展原理，这也是高校语文的原理之一。语文教育对于学生来说无外乎培养了听、说、读、写这四个方面的能力，这也就导致从小很多家长和教师都产生了对于语文学习原理的一个误解，他们认为语文的学习当中，读写所代表的就是书面表达，听说代表的就是口语，这种方法的错误影响到了学生在学习当中所探索的具体方向。学生在学习过程当中错误的学习目的也造成了不良的学习后果，听和说，其中还包含了口头的交际，但是使用的语言并不局限在口语当中，而读和写是书面交际，但是也并不会被书面语所限制。对于很多学生来说这种误区从小学延续到了高校，需要认知到的是，书面语发展来源于悠久的历史，并且伴随着时代的变化也产生了自身的创新以及变化。口语当中各种规则也需要通过有序系统的学习，而不是仅仅只是靠生活的经验累积。

四是先用后理的原理。通常在其他学科的学习过程当中，人们都先了解理论知识，再去做练习题、试验或者是研究，但是语文学习的过程与这些学科之间具有一定的差距，语文的应用体现在生活的方方面面，不可否认的是语文是每一个人最熟悉的学科，也是和每一个人联系最为紧密的学科，在这种环境下，语文课程当中涉及很多语言以及文学方面的理论，例如修辞、写作手法以及语言特点等，这些理论都能够被归纳成为系统的理论知识，但是对于很多人来说明白并且能够应用这些理论知识都是具有一定难度的。我国的传统语文教学，并不像现代的语文教学，例如在传统的语文教学当中教育学生写对子，这种教育其实暗藏着对于语法、词语以及修辞、逻辑等多个方面的学习点，固然传统的教育不完全适用于现代社会，但是仍旧可以运用创新的思维进行一部分的应用，利用这样先用后理的手段，能够在一定程度上帮助学生获得不一样的语文学习体验和语文学习成果。

五是八股文原理。八股文作为封建社会一种选取官员的考试模式，对于现代社会并不适合，但是八股文也具有一些可取之处。八股文当中写作的内容以及体裁从本质上来讲算是一种古老的议论文，议论文对于当代的语文教育来说则是从初中开始就必不可少的一个题材，所以八股文尚且具有一定的可取之处，但是必须能够准确利用创新思维取其精华，去其糟粕。学生的语文学习多半是从模仿开始的，而利用一个合理的格式去帮助学生模仿则能够有效促进其学习的进程。将八股文当中模式化和规范化的思想适当应用在当前的语文教学当中，能够在很大程度上帮助学生在具有自我创造的能力之前，取得一定的知识累积和模式学习。任何一个人从出生到成长的过程当中都不能够忽视"模仿"的作用，当然模仿并不能够构成学习的全部内容，适当、合理并且带有创新思维的模仿能够帮助高校语文教育开展得更加顺利。

就我国目前实行的教育政策来说，朝着"多本多纲"的方向发展才能够真正展现出语文教育的创新思维的作用，才能够真正体现出语文教育对于高校教育整体结构的重要地位和作用。高校语文教育过程是一个长期的、潜移默化的过程，更是需要教师、学生以及教育机构共同开展变革的过程，在探索并且遵循原理的基础之上，才能够真正地体现出创新对于教学、对于研究的意义。

二、把握语文教学的基本规律

高校语文教学离不开对于语文教学基本规律的把握，而语文教学基本规律主要表现为以下几点：

第一，多读多写。所谓语文学习，实质上也是针对语文能力提升的一种手段，而语文能力的提升又离不开读和写。针对语文开展读和写的训练，并不是简单、低效的读写，而是建立在明确目标方向之上的读写。多读多写能够有效帮助提升自身语文的能力，并且在语文教育当中已经经历了多年使用并且积累了宝贵的经验。在当代的语文教学过程当中，读写仍旧占据了语文教学的主要途径，语文教学利用读写来培养学生的能力，也是对现代教学论当中语文实践观点的一种践行。语文课程标准当中针对语文教学也具有一定的规定，在语文课程当中，语文的阅读和写作构成了语文最主要的实践渠道。大量的阅读和写作能够帮助学生增强自身读写的能力，也是对于语文基础学习的体现。在九年义务教育的阶段当中，教育部对于学生的课外阅读量就进行了规定，保证在义务教育阶段学生能够达到400万字的阅读量，这是从数量上对于阅读进行了规定，在高校期间虽然没有类似于义务教育阶段的语文课外阅读量的规定，但是对于学生来说，也需要能够保证阅读大量的文章，以开阔知识视野，无论哪个阶段，阅读都能够成为提升素养的有效手段。而写对于学生来说也不仅仅是被限定在了写作以及默写当中，写作对于学生应当是一种有效的能力体现，无论是古代还是现代，优秀的文章、作品都能够代表一个人的文学素养，而且在当代各种培养文学素养的途径还包含了体验、调查、访问等多方面，学生在语文学习以及教师开展语文教学的过程中离不开对于"写"的重视，用文字来表达才能够真正体现语文在文学方面的特点。

第二，训与练合理结合。训练对于语文学习来说并不简简单单是习题以及作业，而是需要教师和学生能够从训、练两个方面来进行。首先是训的角度，这一方面教师能够发挥出十分重要的指导作用。学生学习的过程从根本上来讲基本离不开教师的传授和知识的渗透，教师开展教学也就是对于学生的"训"。而练则面向的是学生，学生无论是自主地练，还是为了能够完成教师布置任务地练，都是高校语文学习过程当中必不可少的。在训和练的过程当中还需要能够体现出创新思维的作用，创新的方式能有效帮助学生和教师在一个充满生机的环境当中开展学习，高校语文的教学也不会由于学科的沉闷而导致课堂和学习过程的无趣。高校语文在训练开展时，从教师的角度来说可以有效地融合创新的思维，不断提升自身训的方式和能力，吸收一些教育领域的先进经验，并且结合当下学生的喜好以及特点开展"训"，而学生在"练"的过程当中也可以通过自身对于已有的方式进行创新，寓"学"于乐，在一个新颖的环境下开展练习，巩固已有的基础，探索未知的语文世界。著名的教育学家叶圣陶曾经说过，训练并不是烦琐的讲解，这也是对于传统死板讲解教学方式的否定。训和练能够合理结合，才能够更加发挥出教师与学生两个主体的主观能动性，达到 1+1 > 2 的效果。

第三，循循善诱。循循善诱并不是一个近代的词汇，而是出自《论语》。孔子作为我国历史上著名的教育者，对于弟子的教育往往在当代也具有一定的参考价值，孔夫子"循循然善诱人"，这是对于孔子教学方式的一种概括。在对一些弟子开展教育的过程当中，孔子十分重视启发式教学这一手段，启发式的教学对于充满好奇心的学生来说能够在满足其当下求知欲的前提下，又能帮助其产生对于其他内容的求知欲，这样才能够保证学生对于知识永远具有一颗探索的心。孔子在教授学生知识时，十分重视"循循善诱"的应用，这种古代就产生的教学方式并没有因为时代的变革而失去其价值，反而在当代的高校语文教学当中也能够发挥有效的作用。高校语文教学离不开教师对于学生的指导和引导。当学习者了解到自身对于知识的探索仅仅得到了一定的成果，而已得到的成果在整体的知识海洋当中仅占到了很小一部分时，就会激发起对于未知领域的好奇心和探索心，从而有效帮助学生树立对于学习的求知欲。

三、汲取语文教学的实践经验

语文教学的发展历程从一定程度上来说也正是语文教学经验不断累积的过程，语文教学通过实践得出各种教育的方法和理念，在语文教学的历史中，每一位教师在工作岗位上都会对教学工作积累一些新的体验，这些体验的积累也成了日后语文教学的重要参照。语文教学当中实践的经验多种多样，例如教师需要能够帮助学生产生对语文这门课程的喜爱，这对语文教学来说十分重要，只有学生从心里喜欢上这门课，教师才能够在日后的教学当中发挥出事半功倍的效果。学生在学习时，需求是什么，喜欢什么以及厌恶什么，这些问题都影响到语文教学的具体开展。而在实践当中语文教师经历了不同教学理念和教学方法的应用，就能够真正了解学生喜欢风趣的、有内涵的课堂，厌恶的是古板老套的课堂。学生对于知识的探索心和好奇心也受到教师教学能力和教学方法的影响，所以教师必须认真总结前人经验，并且去提升自身能力。昨日的教学实践可以成为今日的教学经验，教师总结经验提升自我时，是从庞杂的教学经历中筛选重要的内容，而不是盲目地照搬。教师在语文教学过程当中利用创新的思维进行经验的筛选和积累，同时学生也可以有效积累自身在学习过程当中所经历的各种情境，从中探索出一条适合自身发展、适合自身学习语文的道路。

　　语文教学的实践经验累积是语文教学原则的内容，同时也能够帮助教师坚持语文教学的原则。高校语文教学不同于小学、中学的语文教育，教师所面临的教学内容以及学生的情况都有较大的差异，并且高校阶段的语文教育往往也会受到整体学习环境的影响，没有了应试教育的要求，学生对于语文产生了松懈、忽视这都是十分常见的现象。在以往的高校语文教学当中教师所积累的经验也会因为时代的变化而产生一些不适用性，只有能够永远跟上时代步伐，利用创新的思维、创新的手段，才能够保证语文教学能够朝着更好更高质量的方向不断进步。

第二节　高校语文教学的基本原则

一、工具性与人文性统一的原则

　　高校语文教学当中一个十分重要的原则就是保证工具性和人文性可以得到统一。高校语文脱离不开语文的本身特质，语文作为生活和工作当中不可忽视的交际工具，对于文化的构成来说十分重要。在教育部针对语文教育所规定的课程标准当中，针对语文教育的性质认识增加了"工具性和人文性统一"的原则，语文课程当中不可忽视的是培养学生在现实当中对于语文的应用，但是同时也并不会抛弃语文所具有的人文性。目前我国所进行的教育都不能够离开人文性。人文教育指的是针对受教育者开展一系列能够帮助其开展人性境界提升以及理想人格塑造的教育，人性的教育必然需要培养人文精神。人文精神来源于欧洲文艺复兴时期，对于人的本性的强调融入艺术当中，艺术不再仅仅只是冷冰冰的文字、符号，而是充满了人性温暖和人文光辉。教育不是对器件的塑造，而是对人的培养，工具性和人文性的结合才是真正的教育原则，并且在高校语文教育当中应当得到良好的体现。

在很长一段时间内，学术界对于语文学科的人文性和工具性都开展了深刻的探讨和争论，不同的学者对于语文学科的性质探讨具有不同的观点。工具论者认为语文作为一门学科，实质上是一种对于思维培养和信息传递的工具手段；而人文论者则认为语文教育对于学生和教师来讲，都是站在人的角度去进行教育，教育离不开人性的特点和培养人的目的。人文论者对于语文学科的认知就是将人文性当成了语文学科的本质属性。这两种论调在一定程度上都具有片面性，失之偏颇，实质上的语文教学应当在人文性和工具性的和谐交融当中进行，不忽视二者当中的任何一点，同时也不能够过分偏向于哪一方。在《语文课程标准》当中，对于语文课程的定位就是通过方法论着手，提出了工具性以及人文性统一才是语文课程的基本特点。无论是在哪一阶段的语文教育当中，这两个方向都能够帮助学生有效提升自身的能力和认知范围。丁培中先生曾经说过，语文这种工具是进行思想交流的工具，使用的过程当中也必须赋予其一定的思想、情感以及想法。

高校语文所面对的学生具有较强的文学基础，同时也由于年龄的特点，不同于小学生、中学生，高校学生能够更加容易理解语文这个科目中人文性与工具性统一的特点，这是高校学生年龄阶段和文化基础所表现出的学习优势。在很多课堂的内容当中，文章或是诗词所表现的工具性和人文性侧重点是不同的，有的文章偏向于工具性，那么在这样的教学当中就可以侧重传授学生关于听、说、读、写方面的知识；而一些文章充满着文艺气息，例如一些优美的散文，这就需要教师侧重于向学生传授人文方面的内容，帮助学生沉浸在一个充满美感的氛围之内，感受语言和文学带来的美的享受。但是从整体的语文教学规划上来看，工具性和人文性在大体上是保证一种平衡的，这样才能够不失偏颇，从全方位为学生的创新意识培养和语文能力提升做出保障。

二、阅读与写作并重的原则

阅读与写作并重的原则在很久以前就被教育学家所重视，只有保障写作和阅读能够在一个合理的平衡范围之内，才能够开展有效的教学活动。著名的教育学家叶圣陶先生就针对语文教学提出过以下的观点：语文教学在以前只有读和写两个部分，但是实际上读往往不受重视。从中不难看出"写"在语文教育的历史当中就是受到重视的部分。读和写哪一部分是更重要的，这是教育发展当中语文教学始终存在的问题，真正能够全面提升学生能力的方法必然是将阅读和写作并重，将二者共同作为语文教育不可或缺的部分。语文教育过程当中对于学生来讲最主要的目的是能够全方位提升自身，而只有能够保证阅读和写作并重，才真正是"全方位"的体现，在语文学习时不能够离开的是阅读和写作相辅相成，共同构成语文的学习框架。

阅读和写作并不是完全交融的，它们相互独立又相互影响，首先阅读可以为写作提供服务，一定的语文阅读能力是写作的基础，如果缺乏阅读，那么写作就会变成闭门造车，封闭的环境和封闭的思维无法具备优秀的写作实践。教师对学生的阅读指导能够有效提升学生的阅读能力，并且能够为学生其他方面的语文学习打好基础。阅读能够有效打开学生的视野，在一个更加广阔的环境下进行知识的吸收，写作如果成了阅读的最终目的，那么也就会导致阅读的目的不再纯粹。阅读本身是一个开放的过程，阅读经典的作品就如同和具有智慧的长者对话沟通，阅读的内容、品位和方式都可以在教师有效的指导之下取得良好的成果。阅读还能够有效帮助学生开拓创新思维空间，帮助学生提升自身对于文学知识的了解，使得创新思维不受到狭窄知识面的限制。

写作教学对于语文教学来讲拥有的重要意义之一体现在养成学生经验积累和技术磨炼的习惯上。学生在写作的过程当中实质上也是对于语文学习基本功的使用，而语文学习当中写作也占据了十分重要的位置。如果缺乏写作的练习，那么学生就会无法将已经拥有的知识进行组织和归纳，脑海当中的知识点处于一个较为朦胧的状态，同时无法将学到的知识转化为自己的话。学生为了走出这种朦胧的状态，就不得不多练笔，作文练笔必须要有效表达自己的真实情感，同时还需要能够保证利用合理的方式方法继续激发，对字词和句子，乃至文章的整体构架都需要有一个宏观的布局。在上文对于八股文有所提及，八股文的弊端是将写作的构架完全限制在了固有的模式当中，适当的模式化可以帮助学习开展的进程加快，但是过度的模式化则成了学生学习的阻碍，语文写作教学正需要摆脱这种阻碍。教师帮助学生开展写作练习也需要从兴趣的角度进行激发，无论是何种写作的内容，学生必须要有兴趣才能够真正写出自己心中所想。在我国的语文教育当中，应试教育体系下的命题作文常常被称为是学生创造力和创新思维的阻碍，但是即使在命题作文的背景之下，学生如果可以将自身阅读的内容和人生的阅历转化为文字，也并不违背语文教学的初衷和目的。写作教学和写作都离不开生活的熏陶，生活是艺术的来源，在生活当中学习的知识、经历的事情都会成为写作的素材来源。作文也可以称之为生活的一部分，阅读并不是写作的唯一来源，阅读和写作之间的关系相互独立却又具有关联性，写作的内容也可能会促使学生去阅读一些资料和书籍，正确处理这两者的关系，能帮助学生在创新的思维环境下去学习语文。

三、文道统一的原则

高校阶段对很多学科来讲，是一种探索深度的升华，同理在语文的学习和应用当中，也不再局限在义务教育阶段以及高中阶段的学习层次，而是向更深的层次逐渐发展。文道统一指的是文章内部的思想和它的语言表达形式能够得到完美一致，这是语文的基本技能，需要教师和学生在开展语文学习教育的过程当中兼顾语文训练和思想方面的教育。我国古代常常把一篇文章、一首诗词的内涵思想称为"道"，道没有固定的内容，在不同的情况下，在不同的文章内部也具有不同的含义，文章所采用的表达形式被称为"文"。现代的语文教育当中，"文"和"道"指的是基本的技能以及思想这两个重要方面，文道统一的原则也是保证语文教育质量的基本原则之一。很多教师在教学的过程当中体会到了工具性人文性平衡的重要性，但是对于语文言语性的属性有一定的忽视。

早在古代，教育家和学者对于语文的教学就认识到了需要文道统一，文以明道，文以载道，这些都是语文教学流传下来的思想。而在近现代的语文教育当中，教育专家们也逐渐认识到了文道统一对于构建语文教学合理框架的重要性。语文课程作为一门教育规划当中必有的学科，其真正的意义十分丰富，其中培养学生热爱祖国的思想也是十分重要的一点，这一点在《义务教育语文课程标准》当中被明确提出，那么到了高校阶段这一点可以被忽视吗？答案当然是否定的，无论在何时何地，培养学生正确、积极的人生观、价值观、世界观都是教育必须具备的目标。如果将语文的学习仅仅停留在工具性上，那么教育将会变得冰冷无情，感性的光芒将无法散发。品德和思想的教育能够体现在教师的教学设计和教学计划当中，例如在当代的高校语文教育当中，很多近现代文学表现出了深刻又强烈的对封建主义的批判，鲁迅在小说《狂人日记》当中对于封建主义"吃人"的本质就做出了深刻的揭露。在文学作品当中，表达出的情感可以跨越时间和空间传递到读者的心中，这也正是文道统一的一种体现。"道"的传承利用了文字作为载体，在历史中不断延续，并且通过教育传递到学生的心中，这正是文道统一的意义所在。即使不能够身处一个时代，但是通过文学作品也能够了解到一个时代的特点，深知一个时代的悲欢喜乐。

四、文史哲整合的原则

文学、史学、哲学这三个概念本身既具有一定的独立性，同时又在文学的范畴当中相互交融，高校语文教育的原则之一也就是能够将这三者进行整合。文学是一种语言艺术形式，也是语文最为人熟知的一面，哲学则是对于世界进行原理层面把握的一门学术，史学又被称为历史学，对于人类社会发展变迁的过程以及其中的规律进行揭示和阐述，这三门学科从表面上来看具有差距，各不相干，但是却在本质上拥有一定的关联性，而且在高校语文教育当中，也坚持着文史哲整合的原则。文史哲的结合在很多的文学作品当中都拥有十分明显的表现，例如在《巨人的陨落》当中，作者就利用针对战争的描写描绘出了一部让人感慨的历史赞歌。这本书的背景是在第一次世界大战前后，英德俄美等国家不同家族的主人公命运在历史洪流当中所发生的变化。每一个人物的命运都和这个时代紧紧结合在了一起，世界的变化、时代的发展都体现在了文字当中，这部作品当中对于人生和世界的描述，从哲学的角度来看也具有十分深刻的意义。文史哲的整合在这部作品当中表现得淋漓尽致，让人也能够了解到文史哲这三个要素是如何在同一部作品当中出现，并且成为这部作品成功的原因。文史哲统一的文本在古今中外经典作品中并不少见。文史哲整合的原则在语文教育中，从小学、中学乃至高校都保持着其自身重要的影响，只有能够将这三者有效结合才能够真正体会到历史当中不同文学作品的深刻价值。

在我国的文学发展史当中，文言文承载了众多的文学、史学、哲学内容，这些都是古人的智慧保留的一种形式。而我国白话文诞生仅仅有一个世纪的历史，虽然在近现代发展迅速，却依旧没有文言文发展的时间长，在文言文的作品当中往往蕴含着丰富的人生哲理、史实记载以及文学的价值。例如在《诗经》当中，对于我国在当时的社会现象有了正面且真实的描写，这是文学作品在史学方面的价值，而赋比兴等多种表现的手法也是中国诗歌在文学方面具有重要价值的经验总结，同时在《诗经》当中也包含着人生和自然界带来的哲学理念。在《诗经·王风·黍离》当中，就有"知我者，谓我心忧，不知我者，谓我何求"这样的人生哲学。文史哲的整合是语言文学发展经历多年而拥有的特性，同时也应当成为语文教学当中所重视的原则。语文教学能够从文学、史学和哲学三个方向入手，不仅可以提升对教材内容的解读深度，更能够帮助学生培养创新的思维和乐于探索的习惯。

第三节 高校语文教学原则的实践

一、明确高校语文教学的指导思想

高校语文的教学需要拥有整体观，并且整体的把握对于教学的成果影响十分深远。高校语文作为一门公共必修课具有较为重要的地位。高校语文以培养学生的人文精神、品德素养以及艺术修养等为目标，为了能够促进高校语文更好更快发展，首要的就是树立起正确的整体观念。高校语文的教学内容往往是选择具有艺术价值的文学作品，无论是古代文学还是现代文学都能够帮助学生提升自身的语文学习能力，教师在开展语文教学之前必须对语文教材的内容有一个整体的认知。教材当中所提倡的是理性精神，同时不可以忽视人文的关怀，人的主体地位是教育当中不可忽视的，古今中外的文学教育都离不开对于人的价值的肯定。在高校语文教学实践中教学理念和方法的掌握也要从整体的角度出发，有效体现出对教学内容的合理解读。高校语文教育当中对于文本进行解读需要从整体的角度，立足于文本，还需要结合时代的背景以及其中所蕴含的哲学内涵进行解读，这也正是对于文史哲整合原则的一种有效的应用。教师在教学当中也要体现出自身的学术品位，教师要既专注于语文教学的本体，又拥有一定的知识存储，而不是仅仅只是局限在文本当中。高校语文教学还可以通过创设能够链接的方式，打造一个课内外相结合的整体课堂，帮助学生在课内和课外都进行良好的整合接入。高校语文课程的开设目的是提升高校学生的人文素养，而从整体宏观的角度去开展的教育能够使得学生接受的教育更加全面，并且有助于学生有一个广阔的空间进行思维的创新与发展。

高校语文对于学生和教师的能力培养都是具有助益的，能力观也正是语文教育过程不可或缺的一部分。高校阶段对于学生的能力培养来源于多个方面，高校语文教学能够有效帮助学生建立起高质量的审美观，对于文字的审美能够体现出一个人的内涵和素养，审美的养成也离不开学习的渗透。高校语文在对于教学对象开展知识基础渗透以及审美判断的渗透过程当中，能让学生感受到多种多样的美，无论是自然的名山大川还是人文的情感精神，这些美都可以通过对语文的学习渗透给学生。语文也能够帮助学生培养创新的思维和能力，学生对于已知的内容提出疑问，对于未知的知识产生求知欲，这都离不开语文对于创新思维的培养。同时，高校语文还帮助学生锻炼观察的能力，观察文字及其隐藏的内涵，这些都是语文教学独特的魅力。高校语文教学的指导思想就是从整体把控教学计划，同时又可以在多个方面实现综合培养。

二、突出高校语文的教学特点

高校语文教学的特点表现为多个方面，其中因材施教是一个重要的组成部分，因材施教的目的是能够找到最适合学生的教育方式和教育理念，寻求不同学生之间的差距，同时也能够提升教学的效果，这样才能够成就高校语文教育的意义。高校语文的教学特点在因材施教这一方面需要从对学生特点的把握以及教学方式的选择两个方面入手。首先是对学生特点的把握，在不同的学校内部，学生大体上仍分为文理两个主要专业方向，针对文科专业的学生可以选择《高校应用语文》等教材，并且在教学内容的选择方面也可以多进行深度的强调；而针对语文基础较为薄弱的工科、理科学生来说，选择深度较低的教材，也能够有效帮助学生跟上教学的进度。教育的对象自身的特点是不可被忽视的，教学的方式选择也需要结合时代背景以及学生的需求来进行改变，在 21 世纪语文的教学也可以和时代进行融合，结合各种信息技术和创新手段，而不是像传统的教学方式一样仅仅被局限在黑板、纸质教材当中。

不同阶段语文教学的特点主要来自学生年龄阶段以及教育需求的变化，例如在九年义务教育的过程当中，强调基础知识的巩固就成为当时教学最明显的特点之一，而到了高校阶段，学生年龄和社会阅历逐渐增长，对于高校语文教育的需求也逐渐朝更加广阔的方向发展，语文教学更是朝创新的方向和多重的维度不断前进，高校语文教学的特点离不开这一阶段教学的内容和教学的目标。

三、创造学习语文的有利条件

创造各种有利于语文教学的有利条件，是为了能够更加有效地发挥语文教学的作用，提升学生学习语文的质量，同时也是践行语文教学理念的一种有效手段。

首先，需要打造一个宽松和谐的教育环境，严肃的教学环境虽然会带来整齐的课堂纪律，但是势必也会由于氛围的压抑而导致教学的效果不理想。语文学习在一个宽松和谐的环境之下，学生对于语文的课堂不再产生畏惧、厌恶的情绪，这也是一切教学理念实施的前提条件。很多学生不喜欢课堂，就是因为在课堂之上，个性受到了压抑，同时又因为课堂纪律的保持以及教师严肃的态度，产生畏惧感，个人思想无法扩展，创新的思维被抑制。教师需要认知到的是，严肃的环境不仅不能够促进语文学习，还会对学生的天性和思维产生压抑。

其次，要让学生勇敢发出质疑，只有质疑才能够带来思维的碰撞，创新的思维因为质疑而获得活力，课堂也会由于质疑的存在而变得民主、自由。质疑的声音是创造性思维的一种表现，教师应当从多个角度保护学生的这种思维，同时也鼓励学生通过质疑来表达自身的看法。

最后，提出探索性的思考题，也是有利于教学的条件之一。语文的课堂离不开教师通过抛出问题引发学生高度的思考，但是这种提问的方式如果仅仅采用传统的方式也不能够取得有效的作用。探索性的思考题才能够让学生发挥自身的主观能动作用，将外界赋予的知识转化为自身的能力。在一些课外的文章学习当中，给予学生足够的空间，让其能够开展个性的探索，打造一个良好的学习环境和学习视野，让学生能够真正从文学的宏观角度来进行语文的学习。教材并不是语文教学的全部内容，更不是文学的全部内容，有很多充满价值的作品并没有被收录到语文教学的内容当中，通过开拓对于文学的视野，了解到语文学习的深度和广度。语文的学习是对一门学科的探索，这种探索没有止境，也没有死板的约束，个性的发展带来的是对语文真谛的探求。

四、培养会学语文的智慧品质

语文当中的"智慧精神"代表的是知识、文化以及精神、人格的融合，语文智慧精神对于很多语文课堂来说是欠缺的，缺乏语文"智慧精神"的教学无法全面培养学生的语文素养。语文教学无论在什么阶段都不能够摒弃对于学生语文智慧的提升，而这种智慧品质提升手段主要包含以下几点：

首先，培养积极的语文趣味。在教师的指导和自身的探索之下，学生不断提升自身对于语文的审美情趣，这也可以说是为语文的学习指出了正确的方向。在一门学科的学习当中，正确的方向能够让学生避免走很多无用的弯路，也能够有效提升学习的质量。例如对于八股文的废弃，这是时代淘汰的结果，也是对于学习方向的一种判断。八股文之所以被时代所淘汰，正是因为其僵化的思维方式限制了人的思维活性，让学生只能在一个框架之内得以发展，无法冲破牢笼，所以八股文不能够适应时代变化。这种淘汰对于现代的学生来说也是一种启示，曾经使用过的教学方法并不能够代表正确，只有适合当下、适合自身的教学方法、学习手段才能够成为学习的推动力。同时学习的目的性也要端正，学习并不是为了满足自身的私念，也不是获取财富的垫脚石，这种错误的观念在教育当中应当由教师纠正。学习语文时，教师对于学生的思想教育是不可或缺的，错误的学习理念不仅不能够培养出对社会有用的人才，反而会培养出不适应社会的人。

其次，能够掌握基础语文知识，使得自身拥有基础知识和能力所带来的语文智慧。在我国传统的教育当中，对于语文教育的习惯培养具有一定的科学性，"好记性不如烂笔头"，这不仅仅是强调勤学多练，更是针对读书学习习惯重要性的一种阐释。在学习时保证拥有良好的习惯，例如定期阅读优秀的文章和文学作品，遇见优秀的文学素材和诗句进行摘抄等，这些都是具有一定代表性的优良习惯。在这个互联网的时代，真正的阅读已经越来越难得，读书是一种人类跨越时间限制和先人交流的活动，静下心来读一本书，练几篇字，都是对于语文基础的有效巩固。

最后，将语文和生活相结合，在生活当中，一个人所听到的、说到的和思考的内容都离不开语文，将生活作为语文的应用场所，同时也作为语文的学习来源，这样才能够真正体现出语文学习的智慧品质。语文和生活无法割裂，二者相互交融，共同在历史的长河当中延续。

五、探索创新教学的有效方法

教学的方法对于教学的质量会产生直接的影响，学生和教师都应该成为创新教学的推动者，其中教师所起到的作用是最为重要的。探索创新教学，首要的做法就是能够针对高校语文课堂教学的模式进行一定程度的改变。教师通过抛出问题的形式来使学生展开小组范围的讨论，例如教师在讲授一篇有关于爱国情怀的文章时，可以提出以下几个问题：作者对于爱国的态度如何？做法如何？而当代的青年对于爱国的态度和做法又是怎样呢？创新教学就是需要能够将教育和时代结合起来，二者结合才能够真正体会到语文教学对于人格健全培养的重要作用，同时也是语文教学现实意义的体现。

教师进行语文教学时，将自身创新教学的意识体现在具体的教学活动当中，转变传统思想，为学生带来新的学习体验，这就是创新教学的有效方法的具体体现。高校语文教学工作所渗透的创新意识是教师自身知识结构掌握的体现，也是教学理念的体现。高校语文课程越来越成为人才培养的重要组成部分，教师也需要不断吸收先进的思想和经验，并将它们应用到教学当中。高校语文教师首先要拥有扎实的文学研究能力和基础，同时又能够具有明确的教学目标，21世纪的教育不同于传统的语文教学，创新的理念要从教师到学生全面地进行渗透。创新课堂教学模式对于教师提出的要求是越来越严格的，教师不断提升自身的素质，并且开展教学技能的提升，力求可以使用正确、合理的引导方式帮助学生进行语文学习。

高校语文的创新教育模式，还体现在教学评价的机制改变与重建方面，传统的教学评价机制虽然有一定可取之处，但更多的是参照卷面分数，忽视学生的思维能力和素质培养。这种评价机制不仅无法有效针对学生展开评价，还有可能降低学生的学习积极性，导致学生失去对于语文学习的兴趣和探索心。教师创新评价的机制，首要考虑的是卷面和学生的思维能力两个方面，创新的思维对于学生来说是难能可贵的，也是高校语文教学的重要目标之一。新课标的教学体系之下教学评价可以采用多种手段并行的方式，对学生进行各个方面的检测。

创新高校语文教学考核评价的方式，摒弃单一片面的笔试，增加面试、日常作业等多种方式，这样能够从一个更加立体和客观的角度评判学生在一阶段内语文学习的成果。同时也保证了语文学习质量检测的公平性和公开性，高校语文教学方式的创新是时代发展的必然，同时也是学生对于更高质量教育的一种需求。系统性的考核方式，创新的教育理念，高效的教学手段，无一不是在当下的社会环境中有效提升教学质量，促进人才培养的有效手段。更加重要的是，学生创新思维与高校语文的联系也会因此更加密切融洽，学生得到综合培养全面提升，在不同的环境下都能发挥出自身的价值。

第五章 高校语文教学模式

第一节 语文教学模式的创新思考

一、开放式语文课程教学模式

语文学科在很多高校中地位不是十分突出，原因虽是多方面的，但也与其自身比较陈旧的教学模式有很大关系，具体为课程定位模糊，教材、教学内容、教学方法、教学手段和考核方式的固定化和封闭化，很多方面依旧沿袭高中语文教学模式。因此有必要创建一种开放式的高校语文教学模式，以激发学生的学习兴趣，提高高校语文的教学质量。这种开放式的语文教学模式主要有以下几个方面的特点：

（一）针对学生特点，明确课程定位

语文课程的基本定位是工具性与人文性的统一，但高校语文在工具性和人文性统一方面应该有别于中小学语文，应以人文性为主，工具性为辅。十几年的中小学语文教学在很大程度上偏重于工具性，这是由教育对象的生理特点和知识水平所决定的。高校学生生理和心理逐渐成熟，已具有一定的听说读写基础，但随着学习专业的不断细化，所接触的人文课程比较少，许多学生除专业外对文、史、哲等优秀文化传统了解较少，导致知识面狭窄，因此他们迫切需要进行人文精神教育。

"高校语文的综合任务，即在于培养高校学生的人文素养，塑造他们健康的人格，提高他们审美的能力。""高校语文是知识课、文学课，更是一门人

文精神的传播课。"高校语文在人文精神教育方面具有独特的作用。高校语文所选课文皆为文质兼美的佳作，其优美的语言、鲜明的形象、独特的思想、闪光的人性、真挚的感情、含蓄的哲理，具有春风化雨、育人无声的效果。把人文性作为高校阶段的语文性质的主要内容，并不是说语文的工具性在此阶段消失了，而是强调在不同的教育阶段语文有不同的任务。高校语文的人文性教育是通过语言文学作品的教学实现的，不可能离开对语言文字的分析理解和运用，人文内涵丰富的名篇自有其语言文字表达上的妙处，学生在对其欣赏感悟中自然会产生学习语文知识的兴趣，获得语文知识水平的提高。

审美教育是培植人文精神的必由之路，高校语文本身就是一门美的课程，"意美以感心、音美以感耳、形美以感目"的汉字，抑扬顿挫具有音乐美的汉语音节，精炼雅致的文言，活泼晓畅的白话等，这些都是精美隽永的审美意象。语文学习从某种意义上说是一种审美的过程，教师要善于引导学生深入细致地欣赏文学经典名篇中的思想情感之美和语言表达上的文学艺术之美，通过挖掘隐含在文本中的真善美唤醒学生的求真、向善、爱美之心，通过审美教育滋润、净化学生的心灵，把学生的精神不断地引向光明与崇高。在现代社会，人们承受着越来越大的工作压力、就业挑战，诗意的人生追求变得越来越少，越来越脆弱。因此，加强语文审美教育，拓展学生心灵的审美空间，将具有深刻的现实意义。

（二）结合专业需求，灵活使用教材

教材是语文教学内容的一种载体，是学生学习的材料。目前，高校几乎都通用同一本教材，缺乏针对性。在高校中，不同专业学生的语文基础不同，对语文学习的要求是不一样的，教材一刀切显然不合适。例如，理工科专业可以选用现当代和外国文学作品占比重大的教材，因为理工科学生古文基础比较薄弱，现代汉语作品可以减少他们阅读时的障碍，激发他们学语文的兴趣；而文科专业选用古典文学作品占比重大的教材，可以进一步提高文科学生的文学素养和文化修养。

教师可在优秀统编教材为主的基础上，根据学校的特点补充一部分自编讲义。以建筑类专业为例，它包括土木工程、建筑学、城市规划、园林、景观、环境工程等专业。建筑与文学的关系源远流长，很多建筑物的流传，很大程度上均依赖于文学名篇，如碑文、亭记、楹联、题匾等。这些以建筑景观为题材的文学作品既是诗文与建筑艺术最直接的结合，又是文人参与建筑创作、表达建筑意境的主要手段，对建筑景观有画龙点睛之效果。我国观赏景观的一个主要特征就是自然山水、园林建筑和文学元素的融合，如滕王阁借王勃诗句"落霞与孤鹜齐飞，秋水共长天一色"而流芳后世，岳阳楼因范仲淹诗句"先天下之忧而忧，后天下之乐而乐"而名扬天下。文学作品使建筑景观含有浓郁的人文色彩，提升了建筑景观的审美价值，如苏州沧浪亭不仅其园名，其园林的基本理念也是来自屈原《渔父》一诗的名句"沧浪之水清兮，可以濯吾缨；沧浪之水浊兮，可以濯吾足"。有些文学作品中还蕴含着一定的建筑美学和建筑理念，如《红楼梦》第十七回"大观园试才题对额"，这一回集中表现贾宝玉"杂学旁收"的横溢才情，同时也刻画了贾政的严厉迂腐、众清客帮闲凑趣和善解人意的形象。作者也借这一回阐释自己的造园思想，如借宝玉之口"古人云'天然图画'四字，正畏非其地而强为地，非其山而强为山，虽百般精而终不相宜"，阐述了建筑贵在"天然"的理念，暗含明末造园家计成提出的"虽由人作，宛自天开""巧于因借，精在体宜"的造园理论。教师可以在自编讲义中补充这方面作品，帮助学生把语文学习和专业学习有机结合起来，开拓专业视野，改变思维方式，激发创造火花，提高审美品位，培育"诗意栖居"情怀。

（三）转变课程理念，拓展教学内容

素质教育要求我们树立大语文观。大语文观主张面向生活、面向大众、面向社会学语文。美国教育家华特·B. 科勒涅斯指出"语文学习的外延和生活的外延相等"，语文是母语教育，我们随时随地都能接触到母语，教师要增强学生随时随地学语文的意识，引导学生把语文学习由课本延伸到生活、由课内延伸到课外、由学校延伸到社会，鼓励学生去广泛接触社会生活，参与多样化的语言交际活动，如收看电视新闻、游览名胜古迹、留心时闻要事，参加朗诵、演讲、辩论、写作比赛等语言实践活动。不论在学校还是在家庭、社会，我们都可以随时随地汲取语言材料，提高运用语言的各种技巧，让生活成为语文学习的源头活水。

高校语文教师要时刻保持对现实生活的敏感性，对教学内容要不断拓展、局部更新。教师要突破"唯教科书"的思维定式，根据学生的兴趣爱好提供学习材料，并兼顾经典性和时尚性。时代在发展，很多"90后"甚至"00后"的学生具有多元化的审美需求和对时尚的偏爱，教师要充分考虑他们的兴趣爱好，引领他们鉴赏那些以前教材中、课堂上未被关注的文学样式，如网络文学、流行歌曲等，教师要善于选取其中适合做教学内容的语文素材，引导学生养成正确的审美趣味，提高自身鉴赏能力。这样把流行文化补充进教学内容，可以弥补统编教材正统性有余、鲜活性不足的缺陷，可以激发学生学语文的兴趣。

（四）强化主体意识，优化教学方法

素质教育以培养人的创新精神和实践能力为核心，这就要求在课堂教学这个主阵地上，要让学生真正地动起来，积极主动地去学习，并养成终身学习的意识，学会自主学习的方法。因此，教学方法必须以学生为中心，激发学生主动参与。

目前，高校的语文课基本都是大班上课，以讲授法为主要教学方法，这种方法能够在较短的时间内，有计划、有目的地借助各种教学手段，传授给学生较多的知识信息，教学效率相对较高，更适合于规模较大的班级。人们常常将讲授法与灌输式、填鸭式联系在一起，并把教学的呆板、照本宣科、学生缺乏学习主动性当作讲授法带来的必然结果。其实，造成这些弊病的原因不是因为使用了讲授法，而是讲授法运用得不恰当，即方法本身未能与教师、学生、教学内容及环境相协调。可以说任何一种教学方法都有优点和缺点，主要看怎么用它。例如，中央电视台《百家讲坛》的刘心武、于丹、易中天等讲文学、讲历史用的就是讲授法，但照样引人入胜。教师可以借鉴他们的方法，如巧妙剪裁内容、适当制造悬念、适时提出问题、适度穿插花絮，并且讲授语言要既严谨又有亲和力，生动形象，妙趣横生，富有激情，这样自然会激发学生的兴趣和求知欲，并引起他们的注意。

教师要对讲授法不断改进和更新，并实现与其他教学方法的优化组合。优化组合一定以教学任务的需要、学生的特点为依据，如诗歌教学中，教师精讲和学生反复诵读结合，鉴赏主要依靠教师精讲，但诗歌的意境和诗歌的美却有待学生在反复的、声情并茂的诵读中品味、感悟。再如小说教学中，自学法和讨论法结合，教师只需提供相关的背景资料，就可以放手让学生自学，然后组织讨论，分析小说的主题、人物形象等，给学生留下表述自己的思想和感情的机会。

在课堂教学中，教师应充分了解学生的学习情况和情感需求，要善于通过问答式、讨论式、座谈式、游戏式等各种形式让学生勤动脑、动口、动手，激发学生学习的兴趣。如果师生能处在一种较为平等的、民主的地位，师生间就树立了一种双向的沟通关系，课堂就不再是教师的一言堂，学生也就成了课堂的主人，师生间可围绕一个共同的主题畅所欲言，师生的认识也不再是如出一辙，对于不同的观点，师生都可以做出自己的选择。另外，教师还要对学生进行相应的学法指导。高校语文教师要指导学生掌握科学的学习方法，学会做读书笔记，指导学生使用工具书、参考书，查阅文献资料，使学生学会在有限时间里筛选、捕捉信息。

（五）开放教学空间，丰富教学手段

语文观呼唤开放教学空间，并突破以课堂、教师、课本为主的上课形式。作为信息时代标志的网络，是现代语文教育的有力助手，其强大的交互功能为语文教学提供了一个开放性的师生互动平台。利用校园官网、网络课堂、网络论坛、QQ、微信，师生可以进行直接的沟通和交流，双方可以对文章的理解和鉴赏、对语言的运用和推敲发表各自的观点；学生可以自由阐述自己的见解，对教师的观点进行批评和质疑；教师也可以通过这个平台来了解学生的学习情况，对学生的疑问进行答复和指导。学生还可以把自己的得意之作在线发表，从而提高自己的写作水平，体验自我实现的感受。在这种互动式教学中，每个学生都可以自主选择学习，充分体现自己是学习活动的主体，平等地实现个性的自由发展与表现。

网络还给语文学习提供了大量的相关资源，并且使查阅资料的过程变得方便快捷，如通过一些大型门户网站就能很快查阅到相关资料，这些网站语文资源丰富，针对性强，为语文学习提供了极为有力的帮助。现阶段在课堂教学中，多媒体技术成为其重要的辅助手段。这就要求教师不断完善课件制作水平，力图使制作出的课件多媒体化，图、文、声并茂，使课堂教学有声有色，从而增强高校语文教学的趣味性和审美性，使学生在兴奋愉快中调动各种感官进入学习状态。

（六）关注个体差异，实行多样化考核

新的语文教育评价观认为，评价不再是为了甄别与选拔，而是发挥激励作用，关注学生语文素养和语文能力的提高，并通过教师的分析指导，提出改进计划，以促进学生的全面发展。因此，评价指标应由单一的考试评价向多元的综合性评价转化，注重对学生语文素养、学习能力、情感态度、实践能力和创新精神等的综合评价，关注学生的语文学习过程和人格发展。

教师可以对学生实行多样化的考核，并注重平时的考察。学生生活的丰富性、学习时间的灵活性、需求的多样性、思维的独立性和批判性、参与社会活动的积极性等，都给语文多样化的考核提供了一定的便利条件。例如，课堂朗读背诵、回答问题、写读书笔记、参加演讲辩论比赛、参加大学生社会实践活动、参加校园心理情景剧创作或表演等都可以作为评定学生学业成绩的依据，还可以尝试开展自助考试，包括自主作文、自办刊物、作家作品专题研究等。为考试注入更多的学习、探索、思考内容，把考试的过程变成学习、探索、思考的过程，这也是一种充分发挥学生自主性、展示学生个性的方式。

由于学生存在个体化差异，因此教师要从多个方面去评价学生，善于寻找和发现学生身上的闪光点。例如，在阅读理解考核中，要重视学生不同的情感体验和心灵感悟，答案可以是非标准的、开放式的，只要言之合理即可；在写作考查中，作文题目不必死板统一，可以同时出几个题目让学生任选一个，并且话题紧贴学生生活热点，让每个学生都有话可说，把考核和学生平时的校园生活紧密联系起来。

（七）整合课程资源，建立课程体系

高校语文具有涵盖面广、包容性强的特点，涉及哲学、文学、历史、文化、

语言文字、写作理论与技巧等多个领域，但均不够深入。因此，可以开设一些人文素质教育选修课程，与高校语文形成一种互补关系。例如，文学艺术类、语言文字类、历史文化类三大类选修课程，不仅可以深化高校语文的内涵，还可以扩大高校语文的外延，与高校语文一起形成人文素质教育课程体系。我们可以整合这些课程资源，通过高校语文课程，激起学生了解及深入学习相关课程的兴趣，弥补高校语文因其课程特点难以深入学习的不足。

二、"大语文"视域下的语文教学模式

近年来，高校语文的教学环境发生了较大程度的改变。与此同时，随着电子媒介时代教育技术手段的进步，原来单一纸质的教材逐渐向数字化教学资源集成转变，新形态的高校语文教学模式正在生成。在高校语文具体的教学实践过程中，如何在有限的课时之内，兼顾语言、文学、文化三方面的内容，以教学实绩来彰显其在素质教育中的独特意义和价值，始终是高校语文课程建设的关键问题。笔者认为，以"大语文"的教育理念来观照和建构新形态的高校语文教学模式，不失为一个提升学生语文素养、推进学校素质教育的有效思路。

所谓"大语文"视域下的语文教育，即从灌输学生基础知识、培养学生听说读写能力等工具层面的教学升华到以加强学生审美能力、人文素质为目标的教学，把语文教学拓展到与人生、社会、文化广泛联系的背景之下，构建一个多元、立体、开放式的高校语文教学格局。从本质上说，"大语文"视域下的高校语文教育是以语言为媒介，以具体作品展示广泛的文化内容，旨在丰富学生心灵世界、构建学生人文情怀的教学活动。它包括了语言教育、审美教育以及人文教育三方面的内容。就人的文化心理结构来说，它包含着认知、审美、伦理三个层面，肩负着工具性、审美性、人文性三重教学重任与目标。这三重目标，都有很强的现实针对性，同时密不可分、不可偏废。丁帆先生说过，兼顾"工具性""审美性"和"人文性"虽然有可能让语文再次陷入"课程定位不清楚"的尴尬境地，但荒废不得。

在教学活动中，对于高校语文在现代国民教育基础中的重要性，社会各界

已经有了充分的了解，但在具体教学实践中，仍旧存在泛政治化或泛技术化的误区。应当说明的是，基于"大语文"视域下的语文课，应该是一种具有多纬度、整合视野的教育。从现实的情况来看，三重目标相互依存，不可偏废。如果忽视高校语文的工具性目标，将会导致学生运用母语水准的降低。很多学生文笔生涩，缺乏文采，更有甚者，读写能力低下，连写作一篇短文都错漏百出。如果忽视高校语文的审美性和人文性目标，则对于学生审美能力的培养、精神世界的充实，乃至人格的陶冶、境界的提升，都是极为不利的。笔者认为，构建"大语文"视域下的教学模式，应努力做到以下几点：

（一）多重教学要素之间的延展与整合

教学活动始终不能离开教师、学生、教材这几大要素。从学生角度而言，现阶段我们的授课对象是高校学生，他们思维敏捷，易于接受新鲜事物，传统的教学方式、常年不变的教学内容对于他们显然缺乏吸引力。再从教材角度而言，目前大部分教材的编排方式虽然仍以"好文章"或古今中外文学史上经典名篇为主体，但同时也表现了与时俱进、追求变化的气象。

例如，王步高先生将语文教材的功能概括为五项：一则激活、梳理文学知识，使之系统化；二则弘扬传统文化，传播人文精神，促成学生思想境界的升华和健全人格的塑造；三则改善学生的思维品格，让逻辑思维与形象思维相结合；四则便于自学，使教材介于课堂用书与学生自学用书之间；五则提高学生学习兴趣。与此同时，为方便教学，出版社组织专家配套编写教学参考资料或教师用书以及制作助教光盘，开通同步教学网站等也蔚然成风。这种全方位的教学服务对原有的形态单一的教学方式做了进一步的改善。更重要的是，它对教学实践每个环节中可能出现的问题提供了一套系统的、切实可行的设计方案和解决办法，提高了教学模式的优化。这种将教学活动中多重要素整合配套的思路，充分体现了"大语文"的教学理念。在当今这样一个电子媒介时代，信息技术和检索手段都很发达，如果我们的教学模式还仅止于在课堂上陈述作家作品，只会让学生兴味索然。在讲述作品时，应该有宏观的"大文学"的指导思路以及中西融合的"大文化"的视野。要注意文学与宗教、历史、哲学等其他学科的融合，在跨文化的视野中拓展教学的深度与广度。

（二）注重作品在当代语境中的意义延展与阐发

"大语文"视域下的语文课程，还意味着教师在讲述作品过程中，要注意将作品的阐释视角延展到当下语境中来。刘勰《文心雕龙·时序》中云："文变染乎世情，兴废系乎时序。"我们的高校语文课程在讲授文学经典篇目之时，应有鲜明的时代气息。在作品的阐释中，应与鲜明生动的当代生活现象与文学思潮充分联系，不仅要对作品的经典意义和历史价值做出归纳，还要对其所包含的现代价值理念以及它对于当下生活的意义或启示做出充分阐发。这将会比单纯局限于作家生平与创作背景的讲述方式更加有趣、灵活、丰富。随着电子媒介的普及与发展，文学的形态在发生着深刻的改变，我们讲述的内容可做适当的延伸，网络文学以及影视文学的内容都可适当纳入语文课程中去。这样可以让学生学到如何做人，如何敬业乐业以及进行更为深入的有关当代人道德与生命的思考。

（三）强调以发散式思维授课

纵观历史，我们的文学素来有"文以载道"的传统。这种传统如果被纳入"大语文"的观照视野中，不仅涉及文与道的关系，还涉及文与知、文与言以及更广泛意义上的文与道的关系。作品一旦被纳入我们教学的视野中来，就具有语言性、审美性和人文性等多重特征。它不仅对个体生命具有激励价值，还赋有更高层面的文化使命。可启发学生思考，克服思维的片面性与绝对化，使学生多层次、多侧面地思考问题，变一家之言为百家之言。因此，我们应当多层次、多角度地挖掘作品的道德、情感、思想价值，以富于个性魅力的方式加以阐释，由此来鼓励和感染学生。

以现代著名学者顾随先生为例，他重传授知识，更重育人；给学生讲授古典文学，尤其热爱新文学，一有机会就给学生讲授新作家作品，其授课方式备受推崇。当代著名学者叶嘉莹先生是顾随先生的弟子，言及顾先生的授课方式，乃是一种"一方面有着融贯中西的襟怀与识见；另一方面却又能不受任何中西方的学说与知识所局限，全以诗人之锐感独运神行，一空依傍，直探诗歌之本质"。

这种授课方式,在我们今天看来,乃是一种天马行空、旁征博引的发散式教学方式,以内在理论之相似性连缀材料,多方举证,这乃是"大语文"教学理念的最佳体现方式。当然,这种教学方式对教师的学识、修养以及知识面的渊博度提出了很高的要求,对高校语文教师来说,这是一种提升个人素养的积极挑战。

（四）开设选修课程等辅助手段

在具体的教学实践中,一门课程所能承载的使命毕竟是有限的。高校应充分激励开设系列选修课程来辅助和深化高校语文的教学效果。相关的系列写作课程、古今中外的文学课程以及人文素质教育的课程群落都应该在教学计划中占有重要比例。由此,围绕高校语文,精心设计相关系列课程,都会对阐释"大语文"的教学观念以及补充完善高校语文的教学起到良好效果。

另外,围绕高校语文课程内容,邀请专家讲座,适当开展学生社团活动、朗诵会、辩论赛等活动,也能够激发学生对于母语的兴趣,营造良好的校园氛围,从而对巩固高校语文课程的教学效果起到良好的辅助作用。这些方法有利于实现高校语文工具性、审美性与人文性三重维度的教学目标,构建"大语文"视域下的语文教学模式。理想的高校语文教学,既是知识技能的传授,又是一种富于诗意与人文情怀的教学。目的在于让学生掌握基本语言技能的基础上,形成敏锐的感知、丰富的情感、独特的想象、深刻的理解,让他们的精神世界被诗意照亮。

三、高校教育教学模式的探索

在高校教育大发展的今天,要进一步提高教育质量,培养出为生产、建设、管理等第一线服务的创新型实用人才,不仅需要更新人才培养理念,还需要进一步创新教学模式。

（一）对高校教育教学模式内涵的认识

美国学者乔伊斯和韦尔等人提出:"教学模式是构成课程的课业、选择教材、提高教师活动的一种范型或计划。"也有学者认为,教学模式是由教学过程的四要素——教师、学生、教学信息、教学媒体共同组成的统一体，随着教学信息的流动，这些要素发挥着各自的功能，形成一种稳定的教学程式，这种程式即为教学模式。也就是说，教学模式是在一定教学思想或教学理念指导下建立起来的较为稳定的教学活动的结构框架和程序。它既是教学理论的具体化，又是教学经验的一种系统概括。教学模式体现了教师的教与学生的学的行为特征，其中既包括教师的教学方法和教学手段，又包括学生的学习方法和学习手段。高校教育的教学模式是在教学模式共性内涵的基础上加上高校教育的特征，即培养目标的"职业性"、课程内容的应用性、教学过程的实践性、办学形式的合作性和价值取向的实务性，形成高校教育教学模式。

（二）高校教育教学模式的现状

不断深入的创新教育研究促进了高校教育教学改革的发展，但从根本上看，高校教育在教学上仍未打破传统教学模式，教学工作呈现以下几种态势：

①尽管强调知识、能力、素质的协调发展，但在实际教学活动中仍是以传授知识为主；

②教学活动以"学科为中心"，强调按照知识的系统性来组织教学，这种做法远离了高校教育培养高级技能型人才的要求；

③以"教师为中心"，教师怎么教，学生就怎么学，学生在学习过程中处于知识灌输对象的地位；

④以"课程为中心"，强调课堂教学的单向传输，不注重第二课堂的教育；

⑤以"教材为中心"，靠一本书打天下；

⑥评估手段以笔试为主，一张试卷见高低，这种考试制度及其所强化的标准答案意识重知识再次重现，轻独创性思维；

⑦课堂教学手段还是以黑板加粉笔为主，采用现代教学手段的教师还不多；

⑧人才培养规格整齐，缺乏多样性和丰富性，学生个性发展的时间与空间不够；

⑨课程体系综合化程度不高，存在重专业轻基础、重必修轻选修、重理论

轻实践的现象，导致学生无特长、学校无特色，不利于创新人才的成长。

高校教育必须改变传统的教学理念和教学模式，实行知行相结合，激发学生的创造性思维，引导学生进行探究性、研究性、综合性的学习思考，培养更多的适应时代发展需要的创新型人才。

（三）高校教育的创新教学模式

随着课程模式改革的深入，人们逐渐树立起素质教育、创新教育的教育思想以及"学生为主体，教师为主导"的新的教学理念，传统的以教师为中心的传授型、继承型的教学模式开始转变，基于素质、创新、实践、应用的新的教学模式不断涌现，初步形成一些高校教育人才培养模式的新亮点。

1.多维互动的教学模式

多维互动的教学模式是高校教育的新模式。多维互动的教学模式是指教学过程中，教师与学生、学生与学生在平等、合作、和谐氛围下形成的互相沟通和互相交流，最终实现教学相长的一种教学模式，具体表现形式为互动式教学模式与自主式教学模式。

①互动式教学模式：是指改变课堂教学中教师绝对权威的主体地位，创造师生平等、合作、和谐的课堂氛围，让师生在知识、情感、思想、精神等方面的相互交融中实现教学相长的一种新的教学模式，它的本质特征是师生平等和相互尊重。这种教学模式促进了师生交流由单向交流向双向交流的转变，由不对等交流向平等交流的转变，由静态交流向动态交流的转变，同时学生由被动接受向主动接受转变，由单纯的吸纳向创新和创造转变，使教育由单一的知识教育向综合的素质教育转变，进而形成了信息互动、情感互动、思想互动、心灵互动的新局面。互动式教学模式的推进，对高校教育人才培养质量的提高起到了很大的促进作用。

②自主式教学模式：是指充分发挥学生的学习主体地位，充分调动学生理论学习的积极性和主动性，提倡学生参与，确定学习目标，制订学习计划，参与教学评价，培养学生自主学习、主动发展的意识，使其达到"自我投入、自我思考、自我操作、自我提高"的良好学习境界。在这种教学模式的指导下，

教师通过对学生的有效指导和学生间的有效交流，帮助学生自主创新学习，培养学生的创新意识、创新精神和创新能力。自主式课堂教学结构按自学—说学—评学—导学等步骤进行。这种模式的本质特征有三点：一是由原来的单纯知识传授向多元能力训练转化；二是由单一的应试教育向轻松活泼的理论学习活动转化；三是由"以教师为中心"的主讲制向"以学生为主体"的主导制转化。

2. 多维互动的"产学结合、校企交替"的情境化教学模式

多维互助的"产学结合、校企交替"的情境化教学模式开辟了理论与实践结合的新途径。多维互助的"产学结合、校企交替"的情境化模式是指在组织教学的过程中，学校与企业之间为培养人才而采取的互帮互助、"情"与"境"融合的双赢的教学模式。具体表现为工学交替制、产学研一体化、产教贸一体化、"双证制"、技能模块组合、校企综合实施"2+1"等多种教学模式。

①工学交替制的教学模式：工学交替是指整个学习过程为在校学习和企业工作的交替进行。它促进了理论教学与实践教学的结合，使学生所学到的知识更为牢固。某些高校已经实施工学交替制的教学模式：在教学组织上采取分段式教学，学生的第一学年在校内学习文化课及基础理论模块课程，第二、第三学年学习专业模块，实行工学交替制，一边工作一边学习；在管理上，采取岗位员工管理，上课日由学校按学生管理，考核其学习成绩，工作日由企业按员工管理，并根据考核业绩发放工资。这种工学交替制的教学模式，使专业理论的学习更加贴近生产生活，对培养学生的综合能力、应用能力起到了很好的促进作用，同时也使学生一毕业就能上岗工作。

②产学研一体化的教学模式：产学研一体化是指以生产、科研、教学相结合的方式来共同组织教学，培养人才。其中，"产"主要指生产实践，"学"主要指学校的学生参与生产和科研实践的教学过程，"研"是指科技研究。这种教学模式以学校和企业的紧密结合为前提，以科研部门参与为基础，努力促进教育、科研、产业的互动式发展，构建理论教学、实践教学和素质教学相互融合的教学体系，以提高人才培养的质量。例如，辽宁职业技术学院推行"产学研一体化"的教学模式，以学校的科研项目为依托，实行两个"三结合"，

即教学、科研、生产三结合，教师、学生、工人三结合，探索出植物生产类专业的"双线式"教学模式、生物技术类专业的"融合式"教学模式等灵活多样、各具特色的教学模式，将理论教学、实践教学和素质教学紧密结合起来，增强了学生的动手能力和适应社会、服务社会的能力。

③产教贸一体化的教学模式：这是一种集生产、教学、市场营销为一体的教学模式，它使教学面向社会、面向市场，使教学过程真正融入市场，实现了生产、教学、营销的相互贯通、相互促进。这种教学模式有利于教育资源的合理利用，把学生在校学习和在公司实践统一到一个完整的教学过程中，使课堂教学与现场教学有机结合，强化了学生的动手能力。在这种教学模式中，教师既是教学工作的组织者和实施者，又是生产者和经营者；学生在现实的氛围中锻炼了职业能力和创业能力。从专业建设角度来说，学校可及时了解现场职业岗位的变化，并据此调整教学计划，更新课程内容，使专业建设与市场发展同步。

④"双证制"的教学模式："双证"一方面指学生在学习期间按照学校的教学计划，顺利地完成了学习任务，毕业时拿到学校发给的毕业证书；另一方面指学生在校期间参加劳动部门举办的职业岗位培训、考试与鉴定，并获得相应的职业岗位证书，如导游证、会计证等。"双证制"的推行提高了学生的岗位能力、职业能力和创新能力，增强了人才培养的职业性，实现了人才培养与社会职业岗位的接轨，提高了人才的竞争力。

⑤技能模块组合的教学模式：技能模块组合是指将专业教学所包含的各项技术能力相对独立为一个个模块，每一个模块又根据所应掌握的知识和技能分成若干教学子模块，按照由浅入深、由易到难的技术形成特点，分块强化，优势互补，逐个突破。在教学过程中，根据所要达到的具体能力目标，选择相应的教学模块，实行多种模块共用，让学生边学、边练、边用。这种教学模式专业性强，目标明确，重点突出，有利于设计合理的模块组合，便于灵活组织安排教学。

⑥校企综合实施"2+1"的教学模式："2+1"是指学生两年在校内学习，一年在企业实习实训。学校与企业共同制订人才培养方案和教学计划，共同安

排和实施教学活动，采用这种教学模式培养出的毕业生在市场上求过于供，切实形成了企业与学校产学结合、互为依托、共扬风帆的局面，真正做到学校满意，用人单位满意，毕业生满意。用企业的话说："学生来了就能用，来了就是骨干。"

总之，随着高校教育的发展，高校教育教学模式还应根据不同行业、不同地区、不同专业、不同课程进行不断探索，总结出更有利的、更具职业教育特色的教学模式，为我国高校教育教学改革做出更大贡献。

第二节　语文教学模式的优化构建

一、主题化语文课堂教学模式的构建

以网络为主要标志的信息技术的迅猛发展日益普及，引发了现代人学习和生活各个领域越来越深刻的变化。信息技术与学科课程的整合为教育改革应对信息时代的挑战提供了思路。主题化课堂教学模式是指在相应的知识主题下，在完成某一主题带来的大量任务的过程中，学习和掌握学科知识的过程。这是信息技术工具性、交互性相结合的一种模式，是充分发挥教师主导作用和学生主体能动性并使学生掌握学习过程的一种模式，也是培养学生利用合适工具学习知识、探索发现的一种模式。主题化课堂教学模式包含以下几点：

（一）主题化语文课堂教学模式的操作步骤

1. 创设情境

其作用是使学生切实感受到学习主题的必要性，激发学生的学习兴趣，从而产生完成主题的动机。当学生的注意力被课文吸引，学习的兴趣、动机就会被激发，学生便会在惬意的情境中产生强烈的学习动机。

2. 提出主题

提出主题的作用是使学生明确自己将要在一个什么样的主题范围内和什么样的框架下进行学习和研究，如在《荷塘月色》一文的学习中，理清作者思想感情的变化及发展脉络是学习文章的重点，也有利于学生揣摩作者炼词造句和运用语言的技巧，因此，明确并领悟作者在文中所表达的思想感情是该课时研究的主题。教师在提出主题后，应立即引导学生选择完成主题的方法与手段。

3. 完成主题

完成主题是主题化课堂教学模式其中最重要的一环，它关系到主题化教学的成败，其主要包括以下步骤：

①教师要指导学生学会使用计算机和利用网络检索获得相关信息，这是开设主题化教学的前提。

②学生获取信息后，教师要引导他们尝试使用合适的方法对得到的各种信息进行过滤、分析、处理，并对所获得的信息形成一定认识。例如，为了理解《荷塘月色》一文中作者的感情，教师可以引导学生了解作者写作的背景，并让学生结合课文上网搜索有关《荷塘月色》的分析观点，并进行学习。在这个过程中，教师可以指导学生通过浏览、分析、讨论、交流等方法处理信息，让每个学生根据自己得到的不同信息初步形成自己的学习体会、研究成果或假设推论，并以论文、电子邮件、幻灯片等形式将这些初步成果表达出来。而这个获取信息、过滤信息、分析信息、处理信息、使用信息的过程正是指导学生掌握信息技术的过程。

③对初步形成的成果进行研讨。在这个阶段，教师可利用多种形式来完成对初步成果的研讨，通过班级交流、群组合作或借助网络功能和学生进行一对一、一对多的交流；学生则收集并分析信息，验证假设。教师身为教学过程的组织者、引导者，要充分发扬民主，鼓励学生发表自己的观点；而教师本身能够提供最必要的信息，给学生一定的背景知识，启发和引导学生自己去发现规律、纠正错误认识、补充片面认识。在讨论中，教师设法把问题逐步引向深入，以加深学生对所学内容的理解。

④经过充分的研究、讨论，学生再根据收集到的信息，完善自己的成果，形成新的更高层次的学习体会或研究成果。

4. 成果展示与交流

经过之前的获取信息、处理信息、形成观点与成果、修整观点与成果等过程就完成了阶段性成果。但是阶段性成果的完成并不是主题化教学的结束，学生还要学会展示、表达自己的成果，并利用各种渠道、各种形式对已完成的主题进行展示和交流。学生可通过多种方式完成成果的展示与交流，如用电子邮件形式将自己的成果发送给师长、朋友或向报刊投稿；将成果做成演示文稿在班内展示；采用小演讲、辩论赛的形式和同学交流等。实践证明，这些方法都可以给学生带来充分的满足感和成就感。

围绕知识主题，主题化课堂教学模式以学生自主学习为主，以信息技术为主要学习工具，强调获取信息、过滤信息、分析信息、处理信息的方法，重视学习的全过程和学生的协作学习。实践证明，这种模式可以培养学生的创新能力，使学生学会学习、学会合作、学会交流、学会分享。

（二）主题化语文课堂教学模式的运用原则

主题化课堂教学模式在运用过程中，可能会碰到各种问题和困难，如信息技术与语文教学的关系处理；主题如何确定；能否达到学生的全员参与等。妥善解决实践过程中可能出现的种种问题，确保课堂教学的顺利、高效，需要教师讲求教学艺术。实践证明，主题化课堂教学模式运用的艺术应基于以下三个原则：

1. 以教学主题为灵魂

对主题的不同认识会带来不同的主题化课堂教学。要想使主题成为课堂的灵魂，教师必须明确教学主题。

（1）主题是教学环节的中心

主题化课堂教学以主题为核心，无论是主题的提出，还是自主学习主题、合作探究主题、深入延伸主题都离不开主题。主题应是课堂教学环节的中心，教师和学生应紧紧围绕主题展开活动。

（2）主题是吸引学生的磁石

虽然提倡应由学生自主讨论来提出主题，但这也离不开教师的指导。教师指导应立足于激发学生的学习兴趣，进而提出主题的研究价值。兴趣是行动的前提和动力，有研究价值才能激发学生的学习兴趣。

（3）主题是通向语文的大门

主题化课堂教学的主题提出和探讨都要建立在语文教学的基础上，都不能违背语文教学的宗旨。主题仿佛就是语文的大门，学生通过研究主题这扇大门进入美丽的语文花园。

2. 以信息技术为翅膀

信息技术不应被看成是一只万能之手，而应当被看作一对能让学生腾飞的翅膀，它能带学生进入主题学习的自由空间。在对待信息技术的态度上，应该具有以下认识：

（1）信息技术是语言的翅膀

语言文字教学是语文教学最主要的内容以及最基本的途径和方式。运用信息技术的演示和交互功能，恰恰能突出重点，突破难点，提高教学效益。

（2）信息技术是想象的翅膀

有人认为，信息技术的直观性扼制了学生思维和想象的发展。其实，这是对信息技术的误解。教师不应向学生呈现终极"想象"，而应创设情境，激发学生的想象。例如，进行古诗词教学时，教师可边播放优美的配乐诗词录音，边适时加以形象化的语言点拨，引导学生运用联想和想象，在脑海里再现课文描述的"情境图"。

（3）信息技术是思想的翅膀

一篇文章的内容是有限的，而信息技术在瞬时提供给学生的大量信息有可能形成、改变或引导学生的思想。

3. 以全体学生为主体

社会建构观的代表人物，苏联教育学家和心理学家维果茨基认为，人的认知是在一定的社会文化背景下，与他人及社会的互动中主动建构的。建立于建构主义理论基础之上的主题化课堂教学模式本身非常重视发挥学生的主体性，但要让学生最大限度地在自主、协作和会话中做到"建构""生成"和"多元"，需要在以下几个方面突出学生的主体性：

（1）学生是学习目标和学习内容的主体

传统教学中，学生"学什么"是由教师"教什么"决定，学生没有自主选择权，而主题化课堂教学模式的学习主题是要让学生自主讨论决定或在教师引导下共同决定；学习内容也由学生自主控制，学生想通过信息技术了解什么、掌握什么，完全凭自己的需要，教师不能过多干涉。

（2）学生是学习过程和学习方式的主体

在主题化课堂模式的教学过程中，无论是提出主题，还是自主学习主题、合作探究主题、深入延伸主题都应在主体参与下进行。学生学习方式应是自主、合作、探究式的，让学生作为主体参与和发展教学活动是主题化课堂教学模式的一大特点。只有这样，才能充分体现课程标准的精神，体现新型教学文化的本质，即以学生的发展为中心。

（3）学生是学习情感和学习结果的主体

回归生活的教学哲学思想也强调人的意义在于理性和感性的统一。主题化课堂教学模式应自始至终尊重学生的情感体验，只有这样，才能使学生在主题的提出中生情，在自主学习中增情，在合作探究中激情，在创造延伸中进情。

（三）主题化语文课堂教学模式的两点忧虑

主题化教学中，有这样一种忧虑，认为信息技术在创设情境、激发兴趣方面是可行的，但往往语言文字的训练落不到实处。事实上，语言文字教学是语文教学的主要内容，是语文教学最基本的途径和方式。运用信息技术的演示和交互功能，恰恰能突出语文教学的重点，突破难点，大大增加语言文字教学的密度，提高语言文字教学的效率。教师可以利用 PowerPoint 或者其他软件制作工具，给学生提供各种学习素材，也可以利用信息技术编写自己的演示文稿或多媒体课件，如教师可以将全文内容切换到屏幕上，通过讲解重点段落，使学生能够较快理解文章用词的准确性，或者把设计好的教学重点和练习及时、有序地显示出来，还可以通过投影对学生提出的阶段性成果加以评析，让学生及时了解自己和同伴的学习结果。这样，课堂教学的信息量就会明显增加，学生快速思考、快速阅读、快速表达的能力就可以得到训练和强化。例如，在进行宋词《雨霖铃》教学时，为了突破"今宵酒醒何处，杨柳岸，晓风残月"这一意象的教学难点，教师通过让学生查找并展示关于"杨柳""晓风""残月""酒"的相关资料，引领学生体悟。

主题化教学中的另一种顾虑认为信息技术在知识的传授上可以以其形象性和高密度性独领风骚，但同时也会因为它的直观性限制学生的思维和想象，其实这是对信息技术的误解。古诗词一般都写得比较含蓄并且寓意深刻、耐人寻味，在古诗词教学中，教师可以借助现代教育技术形象生动的优势，启发学生思维和想象，再呈现课文描述的情境，这样可以收到很好的教学效果。教师在古诗词教学中，可以运用标准的配乐诗词录音带，并在播放中适时加以形象化的语言点拨，把学生带入古诗的意境，引导学生联想和想象，在脑海里再现课文描述的情景。例如，学生想象的《山居秋暝》和《念奴娇·赤壁怀古》两首古诗词的"情境图"绝对不会一样，有些"情境图"甚至要比绘画出的"情境图"更加形象和生动。学生在自己构思"情境图"的过程中能体验到心旷神怡的感觉。此时，他们所欣赏到的美不是图形美，而是真正的语言文字的艺术美。学生由注意而产生兴趣，由兴趣而入境，由入境而领略艺术美的真谛，从而在潜移默化中提高了审美情趣，增强了想象能力、语言表达能力和写作能力，促进了智力的发展。可见，信息技术如"马良的神笔"，只要运用恰当，就会产生意想不到的效果。

总之，运用主题化课堂教学模式，对课程知识内容、传授的形式进行重组、创新，实现语文教学与信息技术的整合，能够使学生进行知识重构和创造，从而提高教学效率。主题化教学只要运用得当，就能攻克语文学习中的一座座堡垒。

二、自主学习教学模式的构建——以师范类学生为例

语文教学法是一门理论应用学科，也是师范类学生必修的专业课程，开设这一课程旨在对师范生进行语文教学的初步训练，使他们掌握语文教学法的基本知识，具备从事语文教学的初步能力。但从现状来看，这门课的功能并没有得到有效的发挥，任课教师常常为诸如"理论与现状的脱节""学了没有用"等质疑而烦恼。分析原因：一是教师"照本宣科"，重讲轻练，教学形式单一；

二是学生缺乏参与意识，被动地接受知识和储存信息；三是与当前的语文教学联系不紧密，缺少真枪实弹的演练。

因此，构建一个适应学生发展需要的课堂教学模式已势在必行。在教学法课程的教学中，尝试启用"自主学习"教学模式，旨在强化主体参与，优化教学过程，力求培养学生学习理论课程的兴趣，使每个学生都能自主学习，热爱语文教学，并最终形成教学能力。

（一）理论依据

自主学习是指学习主体有明确的学习目标，对学习内容和学习过程具有自觉的意识和反应的学习方式。认知建构主义认为，自主学习是学习者根据自己的学习目标、学习任务的要求，积极主动地调整自己的学习策略和努力程度的过程。当学生在认知、动机和行为三个方面都是一个积极参与者时，其学习就是自主的。自主学习就是要改变学生在教学中的被动地位和过分依赖于接受的学习方式，突出学生的"主人意识""参与意识"和"主动意识"。在培养学生知识、能力的同时，也培养学生的学习情感、学习态度和学习习惯，使他们既能掌握基本的适合自己的学习方法，又能为自己的持续学习奠定基础。

现代素质教育理论立足于促进学生的发展，对师范类学生来讲，更要以尊重其自主性、培养其创新精神和实践能力为核心。课堂教学是学生自我表现和自我发展的过程，教师应该引导学生追求自我完善和发展，学科本身也应着眼于学生应用能力的培养，这就需要教学过程中理论要与实践相结合。自学、自练是学习的有效途径，教师要引导学生自主学习，并真正参与教学活动，从而取得实际的学习效果。

（二）研究过程

1.教材新读

教材的编写往往滞后于时代的发展。目前的语文教学法教材在语文学科性质的完善、教学目标的制订、教学理念的更新、学生学习方式的改变等方面，都有所欠缺。如果依旧"照本宣科"，这门课就失去了鲜活的生命，学生也就失去了学习语文的兴趣。因此，教师应在教学中把课程标准作为基础理论学习的重要环节，引导学生理解语文课程中的四个基本理念，正确解读语文的性质阐述，掌握语文教学设计的三个维度，让这些新的课程理念先在学生头脑中树立起来，使这些动态的课程信息盘活学生的理性思维，然后在涉及相关理论的每一章节的教学中，要求学生用课程标准的要求重新认识，并学会分析比较。

2. 课堂实施

在每一章节的教学中，可采用读、问、议、练四个环节的"自主学习"模式。

（1）读一读理论

"读"是指学生自主阅读教材相关章节，主要阅读两个方面的内容：一是阅读教材的基本教学理论。这一般可以放在课前预习中完成，课堂上再阅读时可按照教学重点进一步集中阅读，以期获得比较鲜明的印象；二是案例的阅读。结合相关教学案例进行阅读，边阅读边思考。思考在阅读过程中是必不可少的，是进入下一个教学环节的关键。此时教师可以安排好思考题，也可以让学生自己提出问题。当然，这期间教师需要适当引导，使学生更好地理解重点理论。

（2）问一问疑点

"问"是指学生质疑问难。学生通过质疑，可发挥其内因作用，产生思维兴奋点和认识矛盾冲突。例如，学生自读"教学原则"这节内容时，针对语言文字训练与思想教育相结合的原则，学生会提出两个问题：一是是否这个原则在语文教学中就不重要了？因为课程标准对学科性质的界定已做了很大改动，对工具性突出其交际功能，强调其人文性；二是应该怎样理解思想性和人文性的关系？在教学中认真做好这一环节的教学工作，无疑会活跃课堂气氛，激发学生思考的积极性。

（3）议一议重点

学生在阅读和思考以后，需要把自己的理解和看法与其他同学进行交流，这样集思广益，可以增加理解的准确性，同时再补充自己的看法，这样对知识的掌握和运用就会更加深入。在合作过程中，可以利用案例来解决疑点，理解重点。通过合作学习，每个人都有参与学习的机会，并产生参与学习的兴趣。"议"的形式包括以下三种：

①互动式，即学生通过小组合作展开讨论，归纳总结后汇报意见；

②辩论式，即学生围绕一个议题进行自由辩论，各抒己见；

③换位式，即师生换位，学生提问，教师回答，学生评价。

学生的讨论必须有充足的时间，以保证重点知识或问题的讨论能够全面而深入。议重点时，教师还需要通过具体的教例来阐释和帮助理解，体现"理性—感性—理性"的学习规律。

（4）练一练能力

教学法课程是一门应用学科，是用教学理论去指导教学实践，用教学实践来丰富教学理论，不断提高学生的教学能力。高校师范学生在校期间，到学校实习的机会相对有限，更多的是一种间接的实践和训练。训练的方法主要包括以下三种：

①试讲，让学生在课堂里就某个词、某句话、某个段落进行教学尝试，丰富感性认识，培养教学能力；

②评议，让学生就教学录像或教学论文展开讨论和评议，使学生既运用了理论，又明确了该环节该怎么教，做到知其然，又知其所以然，从而发挥学生的主体性；

③作业，让学生写下对某一理论的认识或就具体课文来拟写教学过程，旨在使学生熟悉理论，并能加以运用。

3.课外拓展

如果学习仅限于课堂，学生的收获则是有限的。学生只有充分利用课外时间，把课堂向阅览室延伸，向校外延伸，才能获得全面的认识和深刻的印象。一般来讲，学生可以从以下几方面来拓展认知视野：

（1）阅读教育经典

那些历经岁月冲刷和时间考验的教育著作，可以改变一个人的思想和行动。可以推荐学生阅读的书目有苏联教育学家苏霍姆林斯基的《给教师的建议》，陶行知的《中国教育改造》，柳斌的《中国著名特级教师教学思想录》，卢梭的《爱弥儿》等。

（2）积极撰写小论文

学生可以自己确定课题内容，然后搜集资料，整理思路，之后再着手进行写作。写论文的目的不在于能否发表，而在于形成对语文教学工作的思考习惯，培养学生的探索精神。

（3）留心学生的日常生活

在假期里做有心人，观察了解学生的特点和学习情况，还可以通过辅导学生，体验与学生接触的乐趣，思考未来工作中将会遇到的问题，从而锻炼自己的胆识和能力。

（三）实施效果

通过在主体教学思想的引导下进行的教学尝试，初步实现了以下几个转变：

从学生的被动学习转变为学生的主动学习。例如，学习完"教学目标"这节内容后，学生就即将学习的一篇课文做仔细阅读，从知识与能力、过程与方法、情感态度与价值观等角度去思考和制订教学目标，确定重点段落的教学，看看能否实现其中的一个或几个目标。这样，学生就不再以单纯的"听理论"为主，而是真正动起来，投入积极的思考、讨论和教学实践中。

从师生的单向交流转变为师生的多向交流。如教师在引导学生针对"概括中心思想在课标中淡化了"这一话题进行讨论时，鼓励学生各抒己见，相互辩驳，师生共同交流。在交流中加深了学生对问题的理解，也活跃了课堂气氛。

从以教师的讲授为主转变为以教师的指导为主。每次学习新内容时，教师可以安排15至20分钟时间让学生先看教材，并对教材进行质疑，结合课程目标讨论重点内容，并学会运用。

（四）实施感悟

自主学习教学模式的实施要把握以下几个关键问题：

1. 教学过程要优化

教师要在确保学生主体地位的情况下，给予适当的点拨和引导。只有从"如何学"的角度思考自己"如何教",进而设计教学程序,优化教学过程,才能达到教和学的统一。

2.课堂气氛要和谐

在教学过程中,教师不能以一种高高在上的姿态出现在学生面前,师生关系的民主与平等是学生主动思维、大胆质疑和积极讨论的前提条件。在教学中,应提倡微笑教学,以谈心式的方式解决问题,营造和谐的课堂气氛。

3.教学形式要多样

上课不能简单采用教师站着讲、学生坐着听的传统形式,而要经常变换教学形式,使学生每上一节课都有新鲜感。如可采用同桌一起来学习和讨论的教学形式;在阅读室里边读论文边学理论的教学形式;以现代教学技术为辅助手段,边看视频边学理论的教学形式等。

4.教学实例要典型

要使学生理解教学理论,就要求教师利用教学实例来组织教学。选择教例时要注意典型性,准备要充分,教师除了应准备一些相关教例,也可以要求学生准备一些教学实例,这样可以促使学生多看教学论文、收集教学信息,使理论教学更具感性色彩。

第三节　语文教育理念与学习方式

一、语文教学应体现人文素质教育理念

（一）正确把握人文内涵是实施人文教育的前提

《义务教育语文课程标准(2011年版)》明确指出:"工具性和人文性的统一,是语文课程的基本特点。"在语文教育界,从专家到一线的教师都欣然接受了这样的表述,甚至有的专家把"人文性"作为语文课程的本质属性,可见"人文性"的提出合乎了教育改革的发展态势。但是对于"人文性"究竟应

该怎样理解以及教学中如何体现"人文性"等问题，却众说纷纭，意见不一。有人对"人文""人文性"理解扭曲，在实践操作中出现了很多偏差。因此要固本清源，只有正确把握人文内涵，才能很好地实施人文教育，使"人文性"这一本质属性在语文教学中得到有效的体现。

对"人文性"的理解，首先应当立足于"以人为本"的教学理念。教育的人文主义以人的和谐发展为目标，希望人的本性、人的尊严、人的潜能在教育中得到最大程度的实现和发展。正如《义务教育语文课程标准（2011 年版）》所指出的："语文课程还应重视提高学生的品德修养和审美情趣，使他们逐步形成良好的个性和健全的人格，促进其德、智、体、美的和谐发展。"另外，在理解人文内涵时，要处理好以下两组关系。

1. 人文性与工具性的关系

于漪在一篇题为《弘扬人文，改革弊端》的文章中提出："语文学科作为一门人文应用学科，应该是语言训练与人文教育的综合。"这是对语文教学现状的反思。《义务教育语文课程标准（2011 年版）》提出："不宜刻意追求语文知识的系统和完整。"有些老师对此的理解出现偏差，对教学中涉及的一些必要的语文知识不敢讲。《义务教育语文课程标准（2011 年版）》指出："阅读是学生个性化行为，不应以教师的分析来代替学生的阅读实践。"由于强调淡化课文分段，教学中又出现了不敢引导学生加深理解重点段、重点句，无论什么样的课文都不敢分段的现象。

在教学中，一味地让学生读和说，就忽视了人文本身是透过语言文字来表现的。从语言文字出发理解和感悟作者的思想情感，还要回归到语言文字上去，看看作者是用怎样的语言文字表达这些思想情感的，这是语文教学的基本思路，也是文道合一的体现。课程改革无论怎样进行，都要遵循这一点。"人文性"不可能脱离语言文字本身而单独存在，应当做到人文性与工具性的真正统一。于漪认为，语文就是语文课，须把握它的本质属性，在语文知识教学和语文能力训练中贯彻人文精神，以收到潜移默化、春风化雨之功效。

2. 人文性与思想性的关系

1987 年和 1992 年的《语文教学大纲》都把语文的性质界定为"工具性和思想性的统一"。这里的"思想性"的概念是宽泛的，它包含了政治思想教育，个人的道德品质、情操、人格、审美等诸方面的内容。然而在语文教学实践中曾一度把"思想性"误解为只是贯彻政治思想教育，于是就出现了将语文教育简单地异化为政治思想和道德品质的空洞说教，弱化了语文教育帮助学生认识自然界和人类社会的全面功能。

鉴于对语文的这种缺乏人文精神和人文内涵的界定，《义务教育语文课程标准（2011 年版）》拓展了其外延，强调了语文的"人文性"，但是在教学中又出现了对学生的消极和错误思想不及时纠正，还美其名曰"独特体验"的现象。有些教师以为有了"人文性"就不必谈"思想性"，以为只要有朗读、情感体验、合作、讨论，就是"人文性"的体现。事实上，人文不是随意和盲从，也不崇尚空谈；人文要体现对生命的尊重，对学生作为个体的人的重视和对其"思想性"的重视。可以说"思想性"和"人文性"是交叉的关系，其交叉的部分主要是指学生的良好的个性和健全的人格，"思想性"和"人文性"相互融合，并通过语言文字表现出来："语文是以语音或文字构成的词句、语段、篇章为物质外壳，蕴含着丰富的思想文化内容和思想规律与方法的人类最重要的交际工具。"所以在高校教学中，对于"人文性"与"思想性"不能顾此失彼，如果过于偏重一方，就会走向另一个极端，出现费时低效的局面。

（二）丰富教师的人文底蕴是实施人文教育的关键

语文是人类文化的重要组成部分，其丰富的人文内涵对学生精神世界有着深远的影响。学生从语文教学中受到的影响和感染，不仅取决于文本本身的感染力和学生自身的接受程度，还取决于教师的人文底蕴。如果教师没有一定的人文意识和人文积淀，不管文本编写和教学改革如何有成效，人文精神都会落空。可以说，教师的人文底蕴是实施人文教育的关键，主要包括以下两个方面：

1. 教师的文学修养

语文教材的大部分课文都选自文学作品，蕴含着丰富的文学色彩。教师应该清楚文章写作的时代背景、作者的生平及写作情况等，能够对作品本身进行解读，此外还要知道一些与文章相关联的其他方面的知识。虽然课堂上不必将这些知识全部告诉学生，但这是教师全面驾驭教材、深入理解教材、创造性地运用教材的基础。这些并不是备课时才去想的，而是要平时储存在大脑里，使它用时就能"跳"出来，这就是语文教师的文学功底。只有平时坚持不懈地巩固和提升自己的文学修养，才能真正从人文角度去驾驭教学。

2. 教师的人格

人格是指一个人的品格、品质、格调、境界、道德水平以及尊严等，是人相对稳定的比较重要的心理特征的总和。在各种客观条件作用下，人格会发展和变化。在改变人格的各种客观条件中最强有力的是社会条件。教师是人类灵魂的工程师，教师要在"为人师表"上做得完美，在学生面前树立一个好形象。"身教重于言教"，教师要以自身的言行来影响学生的心灵。教师需要不断完善人格，教书育人、诲人不倦、循循善诱、因材施教，并且不应该仅仅表现在课堂上，在课堂外也应是表里如一、言行一致的，这样才能与学生真正和谐共处，实现心灵的交流，凭借自己的人格魅力去影响和塑造优秀人才。

（三）积极探究人文知识是实施人文教育的途径

人文知识是相对于工具性知识而言的。传统的"双基论"所概括的"基础知识"仅仅是字、词、句、篇、语、修、逻、文等语言知识和写作知识，是工具性知识。而人文知识在语文课程中一直未能得到应有的重视。语文课的人文知识主要包含在语文教材和文学作品之中，它是通过文学形象来表达作家个体对人生的态度和观念的。语文课程是人文课程，语文教育应该是一种人性教育和精神教育，是一种关于"人"的存在、价值、意义的教育。所以，在语文课程中，把文学作品所包含的对人生有意义和有价值的内容称为"人文知识"，它是关于内容和意义的知识，它的价值指向是语文教学中的"人文教育"目标。

传统的语文课堂教学中，教师引导学生对文本的人文内涵的把握，只是停留在"语言事实"的层面，如"写什么""怎么写"，或者停留在"揭示了什么么主题，批判了什么思想"等社会分析的层面，这种理解和教学仅是分析文本表面的形式和内容，未能捕捉到真正的人文精神，而教师对文本的挖掘和把握应该追问到"意义"层面，即人的存在的意义层面。

例如，教师在讲授《雷雨》时，不提问"周朴园是不是伪君子"的老话题，而是提出了一连串的引导性问题："周朴园对鲁侍萍是不是有感情？周朴园为什么要在鲁侍萍不知情的情况下保持家居的原状？他是做给谁看呢？当鲁侍萍出现在他面前的时候，他主动开了一张支票给她，他是否认为这张支票，可以补偿30年的情感伤害？"让学生一起分析："如果周朴园认为这张支票足以补偿30年的情感伤害，那么，他的问题就不是虚伪，而是把实用当成了情感。实用与否是善恶的问题，而情感的有无，是美丑的问题。他的问题是情感上的丑，是美的反面，即使给钱是认真的，仍然是丑的，但不一定是恶的，也不一定给他定一个虚伪的罪名。"学生可以结合这些问题去思考文本、思考人性、思考人生。这样的语文课才是有价值的，因为学生可以借此养成人文思考的习惯，真正学有所获，这才是真正的"人文性"的体现。这样的教学给语文课赋予了独特的人文魅力，并以此吸引了学生的注意力，从而提高了学生的人文素养。

二、语文学习方式多样化探析

教育必须着眼于学生潜能的唤醒、挖掘与提升，促进学生的自主发展，必须着眼于学生的全面成长，促进学生认知、情感、态度与技能等方面的和谐发展，为培养未来社会优秀的接班人做好铺垫。在当前大力推行素质教育和知识经济快速发展的形势下，改变不合时宜的学习方式，代之以自主性、合作性、探究性为主要特征的多样化的学习方式显得尤为重要。

（一）学习方式及其特点

学习方式是学习者自主的、独特的、具有相对稳定性的认知方式。陈琦和刘儒德在《当代教育心理学》中将学习方式定义为人们在学习时所具有的或偏爱的方式，是学习者在研究和解决其学习任务时所表现出来的具有个人特色的方式。学习方式有相对稳定性、个体差异性、可变性等特点。

1. 学习方式具有相对稳定性

每个人都有各自的生活背景、内心世界和相应的生活经验，有自己观察和解释世界的独特方式。学习方式是一个人在认识外部客观世界的过程中逐渐摸索形成的，所以学习方式一经形成即具有相对稳定性，且会形成习惯和定势，难以更改。

2. 学习方式具有个体差异性

每个学生都有自己的学习方式，例如：有的学生习惯于由一般到特殊的学习顺序，对于先呈现知识总提纲，再呈现例子和应用分析的学习内容有较强的接受能力；而有的学生则习惯于由特殊到一般，即先学习具体事例，最后由事例归纳结论；有些学生喜欢通过写来记忆材料，而有些学生则喜好通过复述来记忆材料。

3. 学习方式具有可变性

学生使用某种认知方式在学习进程中经历多次失败后，会转而寻求新的学习方式。有些学生在与同伴共同学习的过程中，会逐渐吸收同伴优秀的学习方式，并结合自身实际，对原学习方式不断加以调整和改进，从而形成适合自己的新的学习方式。

（二）实现学习方式多样化的必要性

1. 被动的填鸭式教学模式亟待改革

目前，我国高校学生的学习方式大多是老师教，学生学，课外做练习。学生处于被动的接受地位，这在很大程度上扼制了学生的创新能力和创造性思维的发展。此外，死板的教学方式无法激起学生的学习兴趣。而丰富学习方式的多样化，可以有效地解决这些问题。

2. 学生个体之间存在差异

学生个体之间存在差异，有的学生学得快，有的学生学得慢，如果用统一的标准来要求所有的学生，势必会造成学习效果参差不齐。即使学生的智力水平和学习动机等因素相同，他们在接受、储存、转化、提取和应用知识过程中所采用的感知和思维方式也会有很大差异。学生的个体差异影响着他们在学习过程中获得经验的方式，因此，学习方式的多样化是不可避免的。

3. 素质教育呼唤学习方式的多样化

素质教育的一个重要任务是培养学生的创新精神和创造能力，培养全面发展的人才。学生走上社会后，如果缺乏再学习能力和创新能力，不能学以致用，就意味着不能生存。学习方式的多样化在某种程度上可以解决这个问题。此外，只知读死书、不与别人交流、不善于表达都会对学生今后走上工作岗位产生不良影响，而实行合作学习可以在很大程度上改善这种状况。合作学习可以增加人与人之间的信任感，也将使团队精神得到升华。

（三）实现语文学习方式多样化

实现学习方式的多样化，一方面要从教师入手，教师要改变教学技术和教学行为，建立和谐平等的师生关系，引导学生积极转变学习方式；另一方面要从学生入手，学生要变"要我学"为"我要学"，结合自身实际，探索适合自己的学习方式。

1. 提高教师素质

在学习方式多样化的进程中，教师是学习的促进者和参与者，是活动的组织者和情感的支持者，因此，教师必须注意吸收多方面的知识，提高自身的素养。教师应根据不同的情境、不同的学生以及不同的学习阶段，对自己所扮演的角色及时做出相应的调整，要因材施教，在平时教学中要多注意观察，帮助学生找到最适合自己的学习方式。

2. 培养自主学习的品质

自主学习是相对于传统学习方式中的"他主学习"而言的，一般指学生在学习过程中表现出来的自主意识和自主能力。具体表现为学生有明确的自我学习目标、有自觉的行为追求、会选择适当的学习方法以获得自己期待的学习效果。强调学生学习的自主性，并不排斥教师的引导。离开了教师的引导，学生的学习可能会失去方向，难以保证学习活动的顺利完成。教师要从学生的"学"出发，为学生的自主学习留有更充分的时间和空间，营造一种富有挑战的学习氛围，激发学生自主学习的积极性。

学生可以通过阅读、质疑、研究、总结和实践的过程来完成自主学习。质疑能力是人类潜在的天性，教师要尊重、调动和正确引导学生的这种潜能，并使之成为学生学习过程中一种非常重要的能力。在阅读教材过程中，教师可以鼓励学生提出疑问，也可布置课题，让学生带着疑问去查资料、翻看相关课外书籍、向他人询问等，最后要求学生进行总结，并写出报告。

3. 培养合作学习的品质

合作学习可使学生学会与他人合作，这不仅仅是促进学生学习的形式和方法，同时也是学习的目的。合作学习最重要的就是培养学生的合作意识、合作能力和合作精神，通过合作促进学生的协调发展。

4. 培养探究学习的品质

探究学习是针对传统学习方式中的"接受学习"而言的，是指学生在学习人类既有知识的过程中，对知识的合法性与权威性保留自己质疑、评价、批判的权利，而不是被动学习或全盘接受。探究学习是以活动为主要形式的学习，强调学生的亲身经历，密切联系学生实际的生活，要求学生参与活动中的每个细节，在活动中自主选择问题进行探索，体验和感受生活，进而发展其实践能力和创新能力。

（四）利用信息和网络技术实现学习方式多样化

当前计算机和网络信息技术发展迅速，这些技术可以被应用到学习方式的转变上来，以实现学习方式的多样化。

1. 丰富的网络资源可为探究学习提供重要的知识源泉和丰富的探究课题。

网络资源包括全方位、多层次、多角度且图文并茂的文献资料以及多种多样的解决问题的思路。网络的信息传输速度非常快，可大大节省探究时间，提高学习效率。

2. 网络虚拟环境可为学生提供现实中难以体验或无法亲身体验的情境。

网络中的虚拟情境与虚拟交往为学生提供了一个丰富的信息世界。它汇集了计算机图形学、多媒体技术、人工智能以及人体行为学等多项关键技术，通过多媒体技术与仿真技术相结合，生成视、听、触觉一体化的虚拟环境。在学习过程中，学生可以利用网络把问题融于具体的虚拟情境中，在自然状态下与虚拟环境中的客体进行信息与情感互动，其效果是传统的教学手段难以达到的。

3.网络可为学生提供交流与协作的平台。

学生可以在家中实现远程互动，用 QQ、微信等聊天工具或电子邮件互相讨论，这些都有助于推动学习进程，增强学习效果。

创新是一个民族的灵魂，是一个国家兴旺发达的动力和源泉，创新的关键在于人才，人才的成长在于教育。要想培养具有创新精神和创新能力的人才，就必须注重提高学生的学习能力，重点要培养学生的自学能力、研究能力、思维能力、表达能力和组织管理能力等。丰富学习方式多样化有助于因材施教、培养高素质人才、提高学生再学习的能力和使学生树立终身学习的理念。

第四节　语文教学方法分析

一、语文教学方法

语文教学方法是指在教学过程中，教师引导学生通过对语文课文的学习，获得语文知识、提高语文能力、发展认知力和陶冶性情而采用的各种手段和方式。正如朱熹所说："事必有法，然后可成。师舍是则无以教，弟子舍是则无以学。"由此可见，在语文教学系统中，教学方法的作用是十分重要的。

我们常说"教学有法，教无定法"，教学是一门科学，有一定的原则和规律可循，具有较为普遍和相对稳定的常法与常式。但教学又是一门艺术，具有多样性和灵活性，这是由教材内容与形式的丰富性，教学对象知识能力基础、性格心理的差异性等因素所决定的。语文教师除了考虑以上几方面因素之外，还可以根据自身的素质和条件，在教学实践中对教学方法进行优化组合或创新，采用富有个性的教学方法，注意在课堂教学中发挥学生学习的主观能动性，以取得最优的教学效果。

（一）语文教学方法的特点

语文教学方法与其他学科的教学方法有着本质上的区别，这是与语文学科以及语文教学的独特性紧密相连的。语文教学方法的主要特点如下：

第一，针对性。教师在进行教学时，要针对不同的对象与特点、不同的教学目的与要求，有针对性地灵活选择教学方法。可以说，教学方法的选择以语文教学目的和教学内容，学生认知能力与特征，教师个性特征与素质等多方面的因素为依据。

第二，多样性。教学目标的多元性、教学内容的丰富性、学生认知能力的差异性等多个因素决定了语文教学方法的多样性，如讲授法、讨论法、演示法、练习法、实验法、观察法等。

第三，相对性。任何一种教学方法都是优点与缺点并存的，不存在绝对好或绝对坏的教学方法。因此，在教学实践中，教师必须综合运用多种教学方法，并进行优化组合，有效地解决教学问题，达到教学目标。

第四，发展性。随着时代与社会的发展变化与研究的不断深入、成熟，语文教学方法会与时俱进，不断创新与发展，从而给语文教学注入新的活力。

（二）语文教学方法的分类

根据不同的分类标准，语文教学方法的分类存在很大的差异。例如，按教学活动的性质分类，有讲授法、串讲法、讨论法、研究法、问答法等；按教学目的分类，有讲授法、导读法、整体感悟法等；从教学活动的形式分类，有感知教学法、导引教学法、发掘教学法等；按教学过程分类，有讲授法、练习法、复习巩固法等；按思维形式分类，有抽象法、直观法等。

（三）课堂教学中师生间信息传递的方式

从信息论的角度来看，课堂教学是由教师和学生共同组成的一个信息传递的动态过程。因此，我们按照教学过程中信息传递的方式对教学方法进行划分并研究几种常用的教学方法。在课堂教学中，教师与学生之间信息传递的方式共有以下三种。

一是单向输出式。在以讲授为主的单向信息交流方式中，教师向学生讲授教材内容，学生受教，这是最传统和基本的教学方式，体现了教学过程的本质特征，可以说任何的教学过程都包含这种方式。

二是双向交流式。在以对话为主的双向交流方式中，教师引导学生共同进行教学活动，通过问答等方式将双方从教材中获取的信息进行交流，并在此交流过程中强化学生对于知识的掌握与运用。这是一种更为高级的信息传递方式，由教师与学生的反馈双向构成，使教师可及时纠正学生的差错，提升教学效果。

三是多向交流式。在多向交流方式中，教师与学生之间、学生与学生之间进行多向交流，这样开辟的传递渠道最多，学生在广泛联系与多渠道信息获得中掌握教材内容，效果自然最好。这种信息传递方式相较于单向注入与双向交流而言是更为高级的形式。

（四）常用的语文教学方法

下面介绍几种常用的语文教学方法：

1. 讲授法

讲授法是教师通过简明、准确、生动的口头语言系统地向学生传授知识、发展学生智力的方法。它是通过叙述、描绘、解释、推论来讲述教材，描绘事例、传递信息、传授知识、阐明概念、论证事理来引导学生分析和认识问题的教学方法，是语文教学中最基本的教学方法之一。它适用于学习课文之初，教师交代学习目的、范围、要点和要求、介绍作家作品及背景或相关课外知识、分析课文的某些教学重点、解析难点和补充教学所必需的各种材料，进行知识拓展等几种情况。

讲授法适用于班级教学，教师可以用多种形式清楚简明地传授知识，保持知识的系统性、深刻性和准确性，有利于控制教学进程；在单位时间里知识容量最大，能够使学生在较短时间内获得大量系统的学科知识；它还有利于教师在教学过程中发挥主导作用，充分显示教师在知识理解和语言运用方面的示范作用。但它也有不足之处：如果运用不好，教师的单纯讲授可能使学生处于被动状态，学生学习的主动性与积极性不易发挥，出现教师满堂灌、学生被动听的局面；无视学生活动，使课堂教学缺乏生机与活力，造成教学的僵化与死板；同时，不利于学生独立思考与创造能力的培养。另外，由于主要是面向全体统一讲授，强调整体性，而无法顾及学生的个体差异性，因此难以体现因材施教的原则。

因此，在运用讲授法时，教师必须从教学内容和教学对象的实际出发，注意讲授法的基本要求。

①教师本人要注意有效讲授的要点，如熟练巧妙地传递知识，热情洋溢、清晰且抑扬顿挫的声音，眼睛与学生对视，运用适当的手势等。

②提高学生的兴趣，引入故事或有趣话题，呈现出问题情境并做测试性提问。

③增强学生的理解和记忆，以关键词或论点为标题，举例与类比，配合图表讲授。

④吸引学生参与和关注，定期中断讲授，检查学生理解程度，进行启发性练习。

⑤强化效果，问题运用，教师以讲授的内容提问或要求学生解题；学习复习，教师要求学生对讲课内容进行复述，互相检查或评分。

⑥教师讲述要注意激发和启发学生的思维，既体现教师的主导作用，又要兼顾学生的主体功能。此外，教师还要注意将讲授法与其他教学方法和手段相结合，以期取得更好的教学效果。

2. 问答法

以师生的相互问答形式为主要方式来进行课堂教学活动的方法，又称问答法或谈话法。此教学方法与讲授法一样具有悠久的历史。例如，从春秋战国时期孔子的言论中我们就可以得知有运用问答法进行教学的传统。孔子认为"疑是思之始，学之端"，并且第一次提出了"启发式教学"，规定了"不愤不启，不悱不发，举一隅不以三隅反，则不复也"的启发式教学原则。问题是思维的起点，教师应该重视培养学生的问题意识，激发学生的思维，当学生有了问题意识之后，其思维才有可能达到较高程度的活跃性和深刻性。因此在语文教学中，教师应以问题为中心，主要通过向学生提问，由学生答问或质疑问难，再引导学生解疑的对话形式，培养学生发现问题、提出问题、分析问题和解决问题的能力。它是启发思维，激发学生学习主动性，提高学生分析、鉴赏、表达能力的有效方法之一。

在语文教学中，通过问答法，语文教师要让学生自主且自由地感受课文文本，有机会表达自己的看法，并且逐步让学生确立对世界的认识，形成自己的思想。在语文教学中，各种不同观点和思想的碰撞与对话是应该提倡的。这样可以让学生与教师之间，学生与文本之间以及学生与学生之间形成平等对话的氛围，使学生在这种氛围中去探索与挖掘语文学科的独特内蕴，绽放出思想的光芒。其中，问答法的优势在于：有利于唤起学生注意、活跃学生思维、培养学生独立思考、积极探求的良好学习习惯；有利于训练口语表达能力；有利于教师及时获得反馈信息，从而达到教和学的和谐统一。

问答法中根据不同的功能，问题可分为以下几类：

①记忆性提问。这一类提问要求学生用所学过的或所记忆的知识来回答，不需要更深入的思考。例如，鲁迅的小说集有哪些。

②了解性提问。这是考查学生对所学内容的感知能力，为之后的深入理解打下基础。例如，《祝福》中的柳妈是个什么样的人。

③理解性提问。这是考查学生对所学内容的见解和领会。例如，毛泽东的《沁园春·长沙》中"鱼翔浅底"的"浅"是什么意思。

④运用性提问。要求学生把所学的知识运用到具体的问题解决之中。例如，请找出《荷塘月色》中运用通感的两处句子，并请用通感的修辞手法描绘一种情景。

⑤评价性提问。考查学生对所学内容的欣赏、鉴别和评论的能力。例如，孙犁的《荷花淀》中，水生女人："你走，我不拦你。家里怎么办？"此处用句号和用逗号在表达效果上有何区别。

在语文教学中，运用问答法的关键是教师问什么和怎么问，正确运用问答法应注意以下几点：

①概括性。提问是引导语，因此问题的表述要简明、精练、概括扼要，前后问题应该有内在联系和逻辑顺序。

②适当性。提问要大小得当，多少适量，难易适度，要根据教学对象的年龄特点、心理状况、知识基础、认识水平和实际能力等情况来设计，还可以以思考性问题为主，记忆性问题为辅。

③全面性。教师注意应面向全班提出问题，问题的难易要有梯度，使不同层次的学生都有机会回答，这样更能调动全班学生的思维积极性。

④启发性。提问的设计要有针对性与启发性。针对性是指要根据教学目的，围绕教学重点难点来设计问题。启发性是指问题的提出要能引导学生思索。

⑤思想性。语文教学应将教书与育人紧密结合，因此，提问应注意考虑所提问题的意义、价值与思想性。

此外，教师还应注意对学生的回答给予全面评价。要以表扬为主，多肯定学生的回答。如果学生答错，则应该进行中肯的分析和有效的引导，切忌讽刺挖苦。教师还应具有民主态度，允许学生与教材、教师有不同意见，鼓励学生发表独立见解。

3.讨论法

讨论法是在教师指导下，由学生之间的交流与师生之间的交流共同组成的，用以实现教学目标获取知识的方法。讨论初始可由教师提出问题，也可由学生口头或书面提出。具体讨论方式灵活多样，可采用同桌讨论、四人小组讨论、小组讨论、全班讨论等多种形式。讨论法的运用需要学生对课文文本预先熟悉，并有一定的知识、经验和独立思考的能力，所以讨论法一般在高年级采用效果比较明显，多用于解决教学中的重点、难点和疑点，可有效明确教学重点、深化教学内容与进行知识延展。例如，辛弃疾的《水龙吟·登建康赏心亭》教学中，从"倩何人唤取，红巾翠袖，揾英雄泪？"一句，教师提出讨论问题："辛弃疾是不是英雄？"全班同学分组展开激烈讨论，最终形成两方意见，由两位同学代表发言，在热烈而活跃的气氛当中，教师适时点拨概括，有效深化学生对于此诗词主题与词人情感的理解。

讨论法的优点有以下几点：

第一，从根本上改变了以教师为中心的课堂教学结构，有利于激励学生参与教学过程，激发学生自我表现的热情和创造性思维。

第二，有利于开展合作探究性学习，使学生在活跃的气氛中听取、比较、思考不同意见，并在此基础上进行独立思考，促进思维能力的发展。

第三，能够普遍而充分地给予每一个学生表达自己观点和意见的机会，调动所有学生的学习积极性，并且可以有效地促进学生口头语言能力的发展，提高学生灵活地运用知识分析问题、解决问题的能力，增强学生的创造性思维能力、评判能力和辩论能力。

但讨论法也存在着缺点，受学生知识经验水平和能力的限制，容易出现讨论流于形式或者脱离主题的情况。因此，教师组织课堂讨论时应注意以下几点：

（1）明确主题

要根据教学目的确定讨论的主题与形式，讨论的主题要有价值，要具有一定的鉴赏意义和评价意义。讨论的形式可以分组进行，也可以全班进行，同时教师应在学生展开讨论之前明确讨论的具体要求和注意事项。

（2）教师的及时引导与点拨

在讨论过程中，教师应注意引导学生始终围绕论题进行讨论发言，不要偏离论题。当讨论进行到一定程度时，教师要进行点拨，点明讨论中分歧的实质和焦点，使对立的意见和不同的意见明朗化。在讨论的过程中，教师还要注意发现问题，善于及时抓住对深入理解主题有帮助的其他有争论的问题，因势利导，深化讨论内容。当讨论结束时，教师应及时做出评判性小结，将问题引导到教学目的上来，并根据实际需要提出进一步思考和研究的问题。在讨论法的运用过程中，教师的适时点拨与总结十分重要，因为放任学生无深度与无效的讨论，淡化教师的引导，课堂教学就会缺少深度，容易造成教学的随意性与肤浅化。

（3）调动学生主动性与积极性

能否做到这一点是讨论成败的关键。教师在讨论中可以用以下方式来调动学生讨论的主动性与积极性：

①简要复述。对一些大家理解的观点进行必要的缩减或简单复述。

②检测理解。对大家可能不理解的词语或概念进行检查、注释或澄清。

③生动点评。必要时穿插一些幽默的或富有启发性的评价。

④具体生成。对学生观点运用举例,提出新方法、新思路或提问等进行补充。

⑤激活参与。通过加快速度或分组等方式促进讨论。

⑥设立反方。通过提出反对的声音促进讨论。

⑦调和中庸。对学生双方不同意见的激烈争吵,要进行调和。

⑧相关链接。把许多观点、想法联系起来。

⑨变换形式。通过改变方式、人员、分组、标准等营造良好气氛。

⑩概括总结。对小组的讨论意见进行综合总结,避免一种声音。

进行讨论时,教师应鼓励学生各抒己见,勇于表达自己的见解。一旦充分调动起学生的主动性与积极性,教师就要相信学生是能够提出有价值的问题并加以辨别的。切忌教师对论题预设"标准答案",然后"请君入瓮",千方百计将学生引导到所谓唯一的"标准答案"上来。因此,对某些有争议的问题,教师要允许学生保留自己的合理看法,使课堂有民主氛围。

4. 导读法

导读就是以学生自读为中心,以教师的主导为条件,师生相互作用的阅读教学法,以培养学生的自读能力为主要目的。导读法的运用体现了教学过程中学生的主体地位和教师的主导作用,它是目前语文教学中广泛使用的一种阅读教学方法。其基本步骤是,由教师提出问题与要求,学生通过朗读或默读理解对课文的初步印象,再借助工具书,在教师的指导点拨下,自己分析综合、深思质疑,达到对课文文本的深化理解,从而回答教师提出的问题,并完成相应练习进行知识巩固与能力拓展。导读法在阅读教学中发挥着重要作用,有利于培养学生的阅读能力。

(1)导读法肯定了学生的主体地位

导读法的关键在于肯定了学生的主体地位,将学生视为认识和发展的主体及具有独立地位和认识潜能的实践者。

这将改变长期以来教师向学生"奉送真理"的状况，而将"发现真理"的主动权交给学生，发挥学生的主体作用，引导和鼓励学生自己去获取知识，并主动参与到课堂教学过程中来，学习方法、训练技能和培养自学能力。

（2）导读法明确了教师角色定位

导读法给予了教师角色明确的界限，认为教师是教学过程中的引导者，起主导作用。

教师的着眼点应放在教学对象即学生身上，要理解"导"的艺术，要导在关键处，突出重点，化解难点，启迪思维，诱发想象。此外，还要讲究"导"的方法，如激励、启发、点拨、诱导、提问、讨论、示范分析与介绍资料等。总之，教师要千方百计地引导学生自己解决问题，最终教会学生自己读书。

（3）导读法使课堂教学丰富、生动、充实

导读法着重培养学生的自学能力尤其是自主阅读能力，通过调动学生求知的主动性、积极性和创造性，使课堂教学过程变得生动活跃、富有情趣。

5.练习法

练习法是根据教学目标与要求，在教师指导下，学生在独立完成一定的书面作业、口头作业或实际操作的过程中阅读和理解课文，从中掌握知识，培养技能和形成学习习惯的教学方法。语文学科的练习主要有朗读、背诵、默写、复述、填表、答题、智力竞赛、编写提纲、做笔记等形式。练习法能有效帮助学生把理论知识转化为技能，把技能转化为熟练技巧，进而获得听说读写的方法和能力。练习法有利于培养学生的自学能力。

练习法的运用要领有以下几点：

①要注意激发学生练习的兴趣，调动学生练习的积极性和主动性；

②练习既要兼顾基础知识和基本能力训练，又要突出重点，尤其要避免简单重复的无效练习；

③练习方式应多样化，避免单调机械、枯燥乏味，应考虑到灵活性与趣味性；

④练习的布置要兼顾到学生的个体差异，适度适量，有一定的弹性，适当

给予学生选择的空间，以求对每个学生都有实在的促进作用。

此外，练习法的运用还需注意适量，不搞题海战术，以免加重学生的学习负担。

6.情境教学法

情境教学法是指在教学过程中，根据需要达到的教学目标，利用生活场景、图片、音乐、电影、课本剧、多媒体课件等手段，创造与教学内容相关的教学情境，使学生在具体、直观且生动的场景与氛围中进行观察、体验、思考与学习的教学方法。情境教学法强调创设教学情境，运用直观教学原理，使学生在特定的情境中正确而迅速地理解教学内容，缩短了认识的时间，提高了教学的效率。同时，它寓教于乐，通过使学生"身临其境"来进行情感教育，以情动人，以美感人，注重培养与提升学生的审美能力，充分发掘语文课的教育潜能。

情境教学法与其他教学方法相比，最为突出的特点是教学方式的科学化和教学内容的情境化。它运用了现代多媒体等科学化手段，有效地突破了课堂的时空局限，将与学习内容相关的中外古今的自然景观、社会生活、语言现象和人物形象具体直观地呈现于学生面前，无论是微观世界还是宏观景象，无论是具体形象还是抽象意念，无论是静观景象还是动态变化，都能够情境化。

创设课文情境的手段多种多样，其中，语言描绘是创设与渲染课文情境的一种最基本的手段，将其与现代多媒体技术结合，会使语文课堂变得更为丰富多彩。此外，可以运用实物与图画再现情境。俗语有云，"百闻不如一见"，将课文所写用实物或图画展示，将课文内容具体化、形象化，可以使情境更加直观。还可以播放音乐或电影来渲染或再现情境，制造气氛，渲染情境，增强学生对教材的感知，在特定的情绪中深刻领悟文章。还可以通过表演课本剧深入体会情境，在语文教学中，让学生扮演课文中的人物角色，紧贴课文中人物的情感与心意，减小学生作为读者与课文文本之间的距离，深刻理解文本内蕴与人物形象。此方法既可以通过分角色朗读也可以以现场表演等方式进行。

情境教学法通常分三个阶段进行。

①感知阶段：教师通过各种方式创设情境，引起学生学习兴趣，激发学习

欲望。

②理解阶段：教师引导学生深入体验情境，理解课文，体会情感。

③深化阶段：通过再现情境，丰富想象，在深化感情的同时，使学生实现理性认知。

情境教学法与语文教学现代化紧密相连，它是使语文教学获得生机的一个有效途径。但这一教学法对学校教学设备与资源的配备有相应要求，同时对于语文教师也有着较高的要求，要求教师具备相应的现代科技知识与实际操作技能。

7. 朗读法

朗读法是让学生在初步领会课文的基础上，反复朗读课文以加深理解，并以此积累语文知识和典范文章的教学方法。朗读法是我国古代学习语文的一种有效方法，清代崔学古在《幼学训》中对于朗读提出这样的要求："毋增、毋减、毋复、毋高、毋低、毋疾、毋迟。"这里提到的高、低、疾、迟都是具体的朗读方式。朗读的形式可谓多种多样，有范读、诵读、领读、单读、齐读、配乐朗读和分角色朗读等。

朗读法可让学生注重语音、音色、语气、语调、句调、重音、停延、节奏等因素，使朗读能力得到强化与提高。此外，朗读还具有唤起形象，表达感情，加强理解，训练口头表达和审美等功能。语文教学中运用朗读法，可以帮助学生熟悉、感知、理解、鉴赏、记忆课文等。"书读百遍，其义自见"，学生通过反复诵读，能够不断加深理解，逐渐使自身的感情与文章表现的意境浑然一体。这种学习语文的方法，对增强语感，巩固记忆大有益处。在教学中，教师可根据不同文体灵活运用朗读法，尤其是在诗歌散文类抒情文体的教学过程中，朗读法的运用对于学生深入体会作品的情感、思想与主题很有帮助。

根据俞文豹《吹剑录》中的记载："东坡在玉堂日，有幕士善歌，因问：'我词何如柳七？'对曰：'柳郎中词，只合十七八女郎，执红牙板，歌"杨柳岸晓风残月"；学士词，须关西大汉，铜琵琶，铁绰板，唱"大江东去"。'"由此可见，由于豪放与婉约风格的不同而应该采取不同的朗读方式。而像《荷塘月色》《再别康桥》等优美的写景抒情类散文与诗歌，如果选择与之朗读基调相宜的音乐进行配乐朗读，能收到更好的教学效果，并使学生在声中融景、情随声出中得到情感的熏陶和哲理的领悟。而对于小说、戏剧类作品，教师可采用让学生分角色朗读的方式，让学生在读好人物语言的同时，用心揣摩角色心理与情感，力求还原人物，深入领悟作品中的思想情感与人物性格，同时还能活跃课堂气氛，如《雷雨》中，周朴园与鲁大海发生冲突一节，周朴园、鲁大海、鲁侍萍、周萍等人物，可由学生分角色朗读，从而使学生更深切体会人物的性格与情绪。

在实际教学中运用朗读法时，教师应指导学生在反复朗读中推敲文本的含义与内蕴，领悟作者的心境与情感，领会其思想与情怀。只有这样，才能加深对课文的理解。但还应认识到，朗读是一种对文本的再创造过程，应该呈现出朗读者对文本的自我理解，呈现鲜明的个性色彩。因此，在掌握朗读的诸多方法与技巧的同时，不能被其束缚。

8. 研究法

研究法是指学生在教师指导下，从教学中选择并确定具有研究价值的课题，用类似科学研究的方式，运用所学知识，搜集整理材料，进行探索和研究，从而增进思考力和创造力的一种教学方法。它是在推进素质教育中形成的一种新的教学方法。

使用研究法需要教师在钻研教材及语文学习资源时有所发现，然后将这种发现与想法设计成研究性课题，在教学中引导学生去探究，得出创造性的结论，从而教给学生研究方法，培养学生的创新精神和创造能力。教师还可以提供若干研究资料，给学生指明研究方向，引导学生自己去发现问题、分析问题和解决问题。其基本过程如下：

①由教师布置或确立研究题目，介绍研究步骤和具体方法，提供必要的参考资料；

②教师指导学生独立钻研课文，收集并阅读参考资料，再由学生撰写小型研究论文或调查报告；

③由学生宣读自己撰写的研究小论文与调查报告，教师进行针对性的讲评。

研究法的运用要注意以下几个问题：

①教师要努力挖掘语文教材中具有研究价值的因素，设计研究性教学的过程，同时又要尊重学生对研究课题或活动项目的自由选择，鼓励并引导学生从自己的学习生活和所熟悉的社会生活中去选择课题或项目内容，这样才能使学生怀有兴趣并倾注精力去搜集信息，研究问题；

②教师应不断更新自身教育观念，努力营造民主、宽松与和谐的良好氛围，积极主动地转换"师"的角色，始终将学生看作解决问题的伙伴，并对学生进行创新意识的教育，激发学生的创新热情；

③强化学生的问题意识，诱发其探究欲望，教师要引导学生学会自己发现问题，提出问题，分析问题，解决问题等，使学生形成一种自觉持久的内驱力。

④教学要重过程而非结论，教师应更多地关注学生的参与行为，关注学生在教学过程中是否具有创新思维，是否激发了想象，收集整理的资料是否论证了需要证明的结论，而不在于结论是否可靠、正确，更不追求结论相同。

⑤在研究性学习开展的过程中，教师还应注意培养学生的科学精神和合作精神，使学生学会相互交流、相互学习，从而相互促进。

二、语文教学方法的选择和运用

每一种教学方法都有其优点与特点，又有其局限与不足。任何教学方法都只是在一定的条件下使用才有效率，不存在任何场合都适用的方法，更不存在任何情况下都是最好的方法。语文教学目标是一个整体，包括知识、能力、智力、思维、文化、情感、态度、价值观等。教学目标的多元性，决定了语文教学过程中应依据不同的教学目标选择不同的教学方法，同时语文教学目标的综合性决定了语文教学方法也应是综合的。

在教学过程中，语文教师应对教学方法进行优化组合，充分发挥各法所长，综合使用教学方法，以发挥方法体系的整体功能。课堂情境总是变化多样的，具有不确定性，教学工作也是复杂的，如果只用一种教学方法来组织全部的教学活动，则必然会使学生产生心理上的倦怠感，也会使教学过程变得无比枯燥。

因此，语文教师应该从教学实际出发，选择合适的教学方法，通过优化组合，让多种教学方法配合交替，扬长避短，从而达到最佳的教学效果。

想要营造成功的语文课堂，教师在选取某一种教学方法时，必须考虑辅以其他的教学方法。以一种方法为主，以其他方法为辅，使之协调一致、相辅相成，这才是最有效的。因为教学方法的灵活运用、巧妙选择和协调配合可以发挥各法所长，避其所短；另外，注意教学方法的协调变换，也是一种激发兴趣的艺术。教学方法的选择和运用是课堂教学艺术的一个重要方面。教学是一门艺术，更是一门科学，在教学方法的选择上，既应尊重科学，又应讲求艺术，还要敢于创新，以下是教师课堂创新的方法。

①教师可以在继承的基础上进行教学方法的创新。即在新的教学理念指导下，充分发掘我国教学方法的历史资源，继承与吸收传统教学方法的合理内核，注入时代的生机与活力，创造新的教学方法。

②教师要注重从学生学习的角度研究教学方法，将教法与学法科学协调，使其和谐统一。在语文教学过程中，教与学是互为对象与前提的，因此要重视学法的研究，重视培养学生的自学能力。

③教师对于教学方法的创设不能只是关注教学技巧，还应该注意结合宏观上的理论依据。并在微观上与具体的语文教学目标、教学内容和教学对象相适应，考虑到课堂教学的基本结构，从多层面进行思考。

④可引进与借鉴国外先进的教育理念与教学方法，并结合语文教学的规律与实际，对其加以改造创新。在注重教学方法的科学性的同时，语文教师还要根据教学需要，考虑学生的实际，合理选用与创新教学方法，在优化组合中兼容并蓄，为学生的主动参与提供空间与可能，在多样化教学情境中随机应变，使课堂教学活而有序，从而趋于"从心所欲不逾矩"的教学至高境界。

三、现代语文教学手段

当今时代，科学技术飞速发展，网络信息技术迅猛发展，这些都为现代教育技术的推广与普及奠定了良好的基础。世界各国先进的教育教学理念、教学方法和现代化的教学手段日益广泛地应用在我们的教学实践中，促进了教学质量的不断提高。现代语文教学手段是相对于传统语文教学手段而言的，是指利用现代科学技术的相关成果来传输教学信息，以取得较好教学效果的教学手段。其中，以多媒体为代表的信息化教学技术，越来越多地见于语文教育的课堂和教学操作当中，在语文教育领域形成了一种突破传统的教学手段。

多媒体教学是指在课堂教学中恰当地引进现代化教学手段，应用以计算机为中心的多媒体技术，把语音处理技术、图像处理技术相结合，用文、图、声并茂来实现教学效果的最优化。多媒体教学的普及使得以多媒体技术和网络技术为核心的现代信息技术在课堂教学中得到推广，在现代教育中产生了巨大的影响。语文教学的多媒体化，要求语文教学不仅要在教育理念、教育模式与教育手段方面与时俱进，还需在教育内容、教育方法和教育过程方面进行新的变革。多媒体等现代信息技术进入语文课堂后，语文教学超越了传统的教学视野，摆脱了时空限制，呈现出更为丰富的语文教学内容，扩充了课堂容量，创造出了多元化的文化教育环境。

在语文教学中，教师要使自己所传递的知识信息及时准确地为学生接受，必须保证信息传递的有效与畅通，这就强调要多形式传递。在语文教学实践中，教师除了运用传统语文教学使用的语言、文字、图表、实物等常规的形式向学生传递语文信息外，还应注意充分运用现代教学手段，使用多样化的信息形式，使之作用于学生的视听感官，最大限度地发挥学生大脑接受、判断、贮存、想象的功能。这样，语文教学才能打开学生感官之窗，使学生启发思维、放飞想象，在语文学习中更为全面与深刻地感知教材，从而提高语文能力。

多媒体教学这一现代教学手段在语文课堂教学方面的优化作用主要体现在以下几个方面：

第一，扩充课堂容量，提高课堂效率。传统的教学手段是一张嘴、一本书、一支粉笔、一块黑板等，在语文课堂教学中提供给学生的信息量是有限的。但多媒体课件的使用可节省大量的板书时间，让学生将更多的精力放在知识的理解、质疑问难以及听说读写训练上。而且多媒体课件完全可以突破课堂这一时空的限制，将大量直观、形象的音频、视频资料集中展现在学生面前，扩充语文课堂的信息容量，丰富教学过程。

第二，有效提高学习效率。调动学生视觉、听觉等多种感官综合运用于知识的学习。著名的美国心理学家威廉·格拉瑟（William Glasser）认为我们的知识来源如下：10% 来自我们阅读的东西；20% 来自我们听到的东西；30% 来自我们看到的东西；50% 来自我们视听的东西；70% 来自我们与他人讨论的东西；80% 来自我们体验过的东西；95% 来自我们互相传授的东西。由此可见，多种感官综合并用时，学习效率最高，知识摄取量最大。语文教学中多媒体手段的运用，图、文、音、像的综合使用调动了学生的各种感官系统，形象直观的影音展示取代了空洞的语言，多元的教育模式取代了口头语言的单一模式，有效地调动学生的学习兴趣的同时，也有效提高了学习效率。

第三，有效创造语文教学情境。基于语文学科人文性的学科特点，充分利用多媒体直观性与形象性的语文教学功能，结合具体的教学内容，借助于多媒体的音频、视频来渲染氛围，巧妙地创设语文教学情境，让学生在与教学内容相关的音乐与生动画面中欣赏品味形象化的词句，教学效果会更加明显。在逼真的语文教学情境之中，学生可以充分感悟，增强情感体验，从而激发起学习的兴趣和求知欲，调动学习积极性。正如苏联教育学家苏霍姆林斯基所言："只有当感情的血液在知识这个活的机体中欢腾、流动的时候，知识才会触及人的精神世界。"如《荷塘月色》《再别康桥》等课文的教学，就可以利用多媒体教学手段将声画背景与课文朗诵相结合，创设教学情境，激发学生的情感体验，更有效地展开语文教学活动。

第四，教学内容形象直观，突破教学难点。大教育家夸美纽斯曾经在《大教学论》中指出："在教学时应当使一切能看见的东西用视觉，能听到的东西用听觉，能感触到的东西用触觉。"语文教材选材广泛，从天文地理到历史风貌，但学生的既有知识面很难覆盖这些内容，对于课文的理解必然受到知识视野与生活阅历等因素的限制。对于语文教学中知识性与科学性较强的课文，教师可利用多媒体手段直观形象的优势，利用图像、视频资料再现那些抽象难懂的原理、转瞬即逝的现象与异域异时的景象等，帮助学生理解课文，做到视通万里、思接千载。例如，针对《景泰蓝的制作》等课文，语文教师就可以用多媒体手段展示出与课文相关的图片资料或是视频短片。

多媒体教学在语文教学实践中有着显而易见的优势，对于培养学生创新能力、个性发展方面也有着一定的作用。但是，我们也应看到，多媒体教学是一把双刃剑。

充分认识到多媒体教学的优势与不足，在实际教学中扬长避短，更好地为己所用。运用多媒体教学，应注意以下几点：

第一，我们应该准确地定位语文多媒体教学，摆正多媒体教学手段与教学目的的关系。多媒体技术只是作为一种教学手段在语文教学中运用，是用来支持教学工作，提高课堂效率，突破重点难点，帮助解决一些传统教学手段不易解决的实际问题的，而不是语文教学的最终目的。因此，在整个语文教学活动的展开中，多媒体的功能只是用于辅助教学，为教学而服务。要切忌"唯技术主义观"，不能认为有了多媒体这一现代教学手段，就可以摒弃传统的教学手段，将语文课变成计算机操作演示课。如果语文课教学课件花团锦簇、形式多样，课堂气氛热闹，但忽视了学生这一学习活动中的主体存在，没有给学生自主思考与放飞想象的空间与可能，那也不会收到良好的教学效果。

第二，注意师生"主导"与"主体"关系的并重。语文学科始终要以培养学生的听说读写能力为目标，这种能力的养成与提高是以学生的积极主动参与为基础的。语文教学中，多媒体手段的运用也应充分考虑学生的主体性、独立性和创造性，增强学生的参与意识与主动意识。在实际的语文教学中，不能以多媒体信息的展示挤占与代替学生自主独立思考的空间与时间，要始终将学生摆在主体地位。学生要在自主探究、学习领悟的过程中，不断将反馈信息传递给教师，并在教师的引导之下更好地学习。而教师的主导作用在现代教学手段的使用中显得更为重要，在实际教学中教师运用多媒体手段优化教学过程，激发学生积极参与，注重训练学生在短时间内对大量信息的获取能力、把握文章重点的能力、提炼主要观点的能力、评价分析综合表述的能力等。因此，将多媒体这一现代教学手段与语文教学整合的教学过程，是一个师生双向互动、不断调控的交流过程。

第三，强调形式为内容服务。在运用多媒体这一现代教学手段时，要突出语文学科的特点，为语言文字的学习和语文能力的实现与提高而服务。任何教学手段与形式都是为教学目标、教学任务服务的，因此，教师应根据教学内容选择适合的技术手段与表现形式，充分发挥多媒体的真正意义，辅助教师有效完成教学任务、达到教学目标，真正做到形式为内容服务。从更深层次来讲，语文学科中蕴含着丰富而深刻的民族文化精神与人文内涵，通过多媒体教学手段达到文、图、音、像并茂，是为了加强对学生民族文化精神的获取、思想情感的陶冶、道德品质的培养。

第四，情境创设为教学目标服务。教师在多媒体课件的制作与设计中，要始终围绕教学主题与目标展开，创设教学情境也要依据教学内容的实际而行，有针对性又富有启迪性，真正达到增强教学效果的目的。教师还可以将多种创设方式相结合，如将多媒体技术、教师的教学语言与生活实例相结合，不能不管课型与教学内容，一味追求多媒体技术，更不能只为了追求教学课件的美观，而采用与教学内容无关的图像、音频信息，背离了教学活动的宗旨。

在当今这个科技高速发展的时代，教师要不断提高自身的教育技术意识，对教育技术的发展而引起的教育思想、教学模式、教学方法的重大变革有明确的认识，并清醒地意识到，自身是新教育技术的直接使用者和受益者。新教育技术是利用现代教学手段进行语文课堂教学，它能化难为易，变抽象为具体，使教学生动形象，能够全方位地调动学生思维，充分发挥学生视觉和感知的作用，把学生领入多姿多彩的语文世界，让学生轻松、愉快、主动、有效地学习，从而优化语文课堂教学，提高语文教学质量。我们提倡在语文教学中利用现代化的教学手段，是因为其教学效果是传统教学手段难以普及的，但这并不意味着传统教学手段已经是绝对落后的东西，更不意味着现代教学手段将完全取而代之。因此，在语文教学中，既要保留传统教学的优点，又要发挥现代信息技术的长处，二者相辅相成，优化整合。

第六章　高校语文教学方法与教学过程

第一节　高校语文教学过程概述

一、教学过程概念界定

教学过程，就是教学进程或教学程序，它反映了教学活动从开始到结束的过程阶段。教学过程各个环节之间，既相对独立又紧密联系，并且有规律地进行交替和推进。教学过程是教学活动的核心。一般认为，教学过程是教师指导下学生的一种特殊认识过程；也有人认为，教学过程不仅是认识过程，也是促进学生身心发展的过程；还有人将前面的观点综合起来，认为教学过程是多重复合的过程……无论哪种理论都对当时的教育教学改革有过重要的影响，都对教学过程本质的研究起着促进作用。教学过程是人类认识过程的一种形式，因而也要遵循人类认识过程的一般规律，即由实践到认识，再由认识到实践。但是，它又是人类认识活动中的一种特殊形式，这种特殊性表现在学生的认识活动对象主要是接受前人已经总结出来的知识，以学习间接经验为主，教学过程也是师与生、教与学的"双边"活动统一的过程，这贯穿于教学过程的始终。从传授知识和技能方面讲，教师是矛盾的主导方面，从获取知识和能力方面来讲，学生又是矛盾的主导方面。教学过程还是一个形成和谐健康人格的过程，学生不仅要掌握知识、发展智力，还要形成良好的思想品德与高尚的情操。对于教学过程这些研究成果，作为语文教师应该从根本上加以研究。在上述理论的指导下，我们认为，中小学语文教学过程，就是指中小学语文教学的实施过程，是教师有目的、有计划、有组织的指导中小学生积极学习语文，掌握语文基础知识和基本技能，发展智力，逐步提高语文素养并且还是一个陶冶情操、完善人格的过程。

二、语文教学过程的要素

语文教学过程的构成包括教师、学生、教学内容、教学方法、教学环境五个要素。

（一）教师

教师是语文教学活动的领导者和组织者，在语文教学中起着调控和主导作用。教师必须根据学生的学习目的、学习需要，调动自身的教育观念、教学能力，对教学内容进行组织加工，并选择恰当的教学方法和手段，向学生传授知识、技能，促进学生的学习活动按照既定的目标进行。

（二）学生

学生是完成语文学习任务的主体，是语文教学的出发点和归宿。要把知识转化为学生的能力、智力，必须通过学生自己的认识和实践才能实现。学生的学习情况和学习效果是检验教师教学的主要依据，教师的教只有依赖于学生的学才能产生预期的效果。

（三）教学内容

教学内容，不仅仅是指教材，还包括语文教师选择、提供给学生学习和掌握的一切语文信息。

（四）教学方法

教学方法，是教师和学生为了实现共同的教学目标，完成共同的教学任务，在教学过程中运用的方式与方法的总称。

（五）教学环境

教学环境，就是影响教学活动的各种外部条件的总和。

以上五个要素，在语文教学过程中各自发挥着不同的作用，相互之间有着十分紧密而复杂的联系，共同构成一个矛盾的综合体。例如，语文教师和学生的矛盾、语文教师和教学内容的矛盾、学生的认识和教学内容的矛盾、学生和教学环境的矛盾……这个综合体一经运转起来，多种矛盾都会体现出来，其中任何一个要素的性质和状态发生变化，都会影响其他要素乃至整个系统的性质和状态发生变化。因此我们认为语文教学过程首先是一个复杂的、动态的、多层次、多类型的综合系统。

第二节　高校语文教学过程的主要模式

西方关于教育本身的规律、特性以及教学过程的探索，经历了一个漫长的过程。古希腊的哲学家德谟克利特、苏格拉底、亚里士多德，古罗马教育家昆体良等对教育本身的规律、特性以及教学过程都有许多相关的论述。但这些论述都是分散的，带有经验描述性质的，并且主要是采用直觉和思辨的研究方式。17—19 世纪出现专门研究教育一般规律的教育学，如夸美纽斯的《大教学论》、洛克的《教育漫话》、裴斯泰洛齐的《裴斯泰洛齐教育论著选》、赫尔巴特的《普通教育学》、福禄培尔的《人的教育》、斯宾塞的《教育论》等，它们成为教育科学的基础理论著作。其中，捷克教育家夸美纽斯和瑞士教育家裴斯泰洛齐二者关于教学程序的主张，可以看成是近代教学过程理论的萌芽。

夸美纽斯（1592—1670）是捷克伟大的资产阶级民主主义教育家，西方近代教育理论的奠基者。在他的著作《大教学论》中，夸美纽斯对教学内容、方法及其艺术进行了详细的分析和说明，提出了一套教学原则，如直观性原则、循序渐进性原则、巩固性原则等，奠定了教学论的理论基础。

裴斯泰洛齐（1746—1827）是瑞士著名民主主义教育家，也是世界上享有盛誉的教育理论家、实践家和改革家。他通过一系列教育实践探索，在教育史上第一个建立了初级教育理论和分科教学法，并且提出从直观开始以练习结束的教学程序的主张。

一、国外教学过程模式

1. 赫尔巴特"四阶段教学"过程模式

赫尔巴特（1776—1841）是德国的哲学家、心理学家和教育家。赫尔巴特出生于一个律师家庭，从小受到严格的家庭教育，也广泛接触各种新思想。高校毕业后，他像当时许多文人一样，在贵族家庭中担任家庭教师。1799 年，赫尔巴特在布格多夫学院结识了裴斯泰洛齐，了解并研究了裴斯泰洛齐的教育理论。1806 年，他撰写了《普通教育学》，并在哥尼斯堡高校创办了世界上第一所教育研究所。在长期的理论研究和教学实践中，赫尔巴特创造了一种新的教学法。他认为，课堂教学过程应是一个完整的结构，要按照儿童心理发展的阶段及其特点来选择相应的教学方法。他提出了三种教学方法：叙述教学法、分析教学法、综合教学法，并把教学分为四个阶段：明了、联想、系统和方法。

第一阶段：明了。即呈现教材。教师让学生明确地了解教材内容，为了掌握新教材，学生必须集中注意力，深入研究学习材料，正确理解所学内容。这一阶段从教学方法上应采用叙述教学法。

第二阶段：联合（又称结合）。即教师运用谈话方式，协助学生把上一阶段获得的新知识和旧知识发生连结，便于知识的吸收、消化，深入理解所学内容。这一阶段在教学方法上属于分析教学法。

第三阶段：系统（又称概括）。教师在协助学生掌握新、旧知识与经验间关系的基础上，指导学生对知识进行深入的探究，对所学知识进行整理和综合，使之能够融会贯通，并且从中找到规律，得出结论。该阶段运用的教学方法是综合教学法。

第四阶段：方法。这一阶段是要使学生把系统化的知识运用于实践，即运用所学的系统知识进行练习或作业。在上述教学过程中，学生掌握知识、发展兴趣及运用教学方法构成如下的相互配合的关系。

赫尔巴特的四阶段教学过程，主要建立在他的心理学基础上，他比较细致地考虑到学生学习时的心理状态，根据学生不同的心理状态和不同的兴趣阶段进行教学，认为不同阶段应采用不同的教学方法，这些都有助于知识的传授和掌握。可以说，赫尔巴特的阶段教学在一定程度上揭示了教学过程方面的某些规律，应给予充分肯定。后来，赫尔巴特的学生席勒等人进一步发展了这种"四阶段教学"，形成了"预备（提出问题、说明目的）、提示（提示新课程、讲解新教材）、联系（比较）、总结、应用"五步教学法。这种方法强调了教师、教材和课堂的作用，一直被认为是传统教学的标准模式，此模式在洋务运动时期传入我国，并广泛运用于我国中小学课堂教学当中。

赫尔巴特首创的四阶段教学过程，开始了教学过程的理论模式的建构。随后，德国教育家齐勒尔（1817—1882）、赖因（1847—1929），美国哲学家、教育家杜威（1859—1952）、苏联教育家凯洛夫（1893—1978）等纷纷在此理论基础上不断发扬，提出了自己的教学过程主张。

2. 莱因"五段教学"过程模式

莱因的"五段教学法"是指"预备（复习）、提示（讲授新教材）、联想（比较抽象）、概括（规则化）、应用"。1902年清廷颁行《钦定学堂章程》，采用班级教学制，使用的即是这种"五段教学法"。

3. 杜威"五步教学"过程模式

杜威认为应将教育活动的逻辑过程定位在研究和探索领域，提出由"问题、观察、假设、推理、检验"组成的"五步教学"，大致类似于科学研究的一般过程。

4. 凯洛夫"五环节教学"过程模式

凯洛夫是苏联教育家。他的五环节课堂教学结构分别是组织教学、复习旧课、讲授新课、巩固新课、布置作业。这种教学模式于20世纪50年代在我国普遍推行，我国的语文课堂教学形成了相对固定的教学过程结构。

同时，这些课堂教学过程模式都存在着较大的局限性。概括起来，局限性有以下几点：第一，都以传授书本知识为主，忽视学生发现性、创造性的培养；第二，在对待师生关系上，都主张以"教师为中心"，重视教师的主导作用而忽视学生发挥学习主动性，没有从教与学的相互作用上来反映教学的总体特征；第三，拘泥于一成不变的教学模式，千篇一律的施教，教学过程流于形式，这种死板的要求，既限制了学生的积极主动性，也束缚了教师的灵活性和创造性；第四，对学生学习过程中非智力因素的作用缺乏重视。

20 世纪 50 年代以来，全世界都掀起了教学改革的大潮，教学过程理论历经改变，革故鼎新。比如美国心理学家布鲁纳的"课程结构"，斯金纳的"程序教学"，苏联赞科夫的"小学教学新体系"，巴班斯基的"教学过程最优化"，德国根舍因等人的"范例教学"等，其共同点就是探索新的教学过程结构，教学过程理论建构得以不断的发展。尽管上述教育家们所处的时代不同，立足的哲学思想体系不同，研究问题的方式也不同，但究其本质却有许多相通之处，既有值得肯定、借鉴的一面，也有自身的局限性。其中值得肯定的方面概括起来有以下两点：第一，都注重过程的学习，明确提出教学是一个过程而不只是一个结果；第二，都注重新旧知识的衔接，注重促进知识的迁移，主张学习主体在学习过程中通过积极的思考，发现新旧知识、经验内在的联系，再利用这些联系去获取新知识、新技能。

二、语文教学过程的主要模式

和西方一样，教学过程在中国的探索也是一个古老的命题。尽管从先秦到 1903 年我们都没有独立的语文学科，但语文学习的活动却源远流长。春秋战国时期，儒家学派就开始了对学习过程中认识因素的探究，产生了学习过程理论的萌芽。例如，孔子主张学习应该"学""思""习""行"四者相结合；荀子把学习过程看作是"闻""见""知""行"统一的过程；在此之后，孔子的孙子、曾子的学生子思（孔极）在所作《中庸》中明确提出："博学之，审问之，慎思之，明辨之，笃行之。"对学习过程进行了完整的概括，更具有开创性的意义。

我国古代学者还有许多关于阅读、写作教学过程的论述，如元代程端礼在《读书分年日程》中说："每句先逐字训之，然后通解一句之意，又通结一章之意，相连续作去，明理演文，一举两得。"这实际上阐明了阅读教学的步骤。宋代朱熹也认为："抑读书之法，要当循序而有常。"（《朱文公文集·答陈师德》）

主张阅读文章首先要通解字词，了解文字含义，然后综合分析全文内容，进行比较研究，再回读全文，反复领悟，获得新的见解。

洋务运动时期，赫尔巴特的四阶段教学法传入我国，至清末废科举、兴学堂时广泛运用于我国中小学课堂教学当中，直接影响了我国传统语文教学结构，从"五四"运动后到新中国成立为止，前后三十年间各主要版本的语文教学法或包含语文教学法的著作中都能得到证实。例如，江都、曹急编的《修辞教学法》把课堂教学结构分成四阶段，即"思考、欣赏、练习、建造"；蒋伯潜的《中国国文教学法》把国文教学分为四个步骤：预备与检查、试讲与范讲、试读与范读，最后是相互讨论；钟鲁斋的《中学各科教学法》提出了"五段式"教学：预备、授课、比较、总述和应用；比较有影响的是黎锦熙的"三阶段教程"：理解（预习、整理），练习（比较、应用），发展（创造、活用）；王森然的"精读六步教程"：预习、指示、讨论、结束、应用、欣赏；叶圣陶、朱自清的精读和略读教程：精读教程包括预习、课内讨论、练习三个阶段，略读教程包括读书前指导、组织学生阅读、课内讨论、考核成绩四个阶段。

20世纪70年代以后，在借鉴国外先进教学理论和总结我国传统语文教学经验的基础上，我们对于语文教学过程探索的深度和广度得以不断拓展，一些新的教学过程理论逐步形成，并在教学实践中发挥了重要作用，散发出令人炫目的光芒。最有代表性的是上海育才中学的"八字教学法"、钱梦龙的"三主四式导读模式"、宁鸿彬的"五步教学法"、魏书生的"六步教学法"、潘凤湘的"八步教学法"、洪镇涛的"五环节教学法"、贾荣固的"整体阅读教学模式"等。

1. 上海育才中学的"八字教学法"

"八字教学法"最早是上海育才中学段力佩先生提出的。"八字"即"读读、议议、练练、讲讲"。"读读"，就是在课堂教学过程中，教师引导学生自己读书，学生按照教师提出的要求，阅读教材，掌握知识要点，把被动接受转变为主动获取，它是课堂教学的基础。"议议"，就是让学生围绕一定的问题（问题可以是教师预先根据内容设置的，也可以是课内学生提出的疑难问题），分组讨论，切磋琢磨，各抒己见，多向交流，达到理解、巩固知识的目的。这样做，可以调动学生的思维活动，使更多学生有发言的机会。由于学生在议论过程中，可以相互启发，集思广益，这样既提高了学习能力较好的学生的思维能力，也带动了学习能力较差的学生，且有助于培养学生的探索、发现精神，这是课堂教学的关键。"练练"，就是使学生将学到的知识具体地运用到实践中去，它是学生巩固知识的一条重要途径，同时，在练习中发现的问题可以再读再议。"讲讲"，即讲解、解惑，可由教师讲，也可由学生讲。经过了前面三个阶段学生常常似懂非懂，这时候就需要老师及时进行有效的点拨和指导，对学生的学习进行总结，使学生更好地理解所学知识。"八字教学法"主张教师不要牵着学生的鼻子走，而是积极引导又大胆放手，让学生做学习的主人，注重个体自由发展，培养创造性思维，从而使学生得到真正的提高。值得注意的是，八字教学法并非一种机械程序，并非要把每节课都划分为四个阶段，而是要贯彻在整个单元教学中，要因班级和学科的不同有所区别。上海育才中学"读读、议议、练练、讲讲"八字法，是从讲授法迈出的大胆一步，具有开创意义。

2. 钱梦龙"三主四式"教学过程模式

钱梦龙是我国当代著名语文教育家，20 世纪 80 年代语文教学改革的领军人物。"三主"是指"以学生为主体、教师为主导、训练为主线"；"四式"是指"自读式、教读式、作业式、复读式"四种基本过程模式。以学生为主体，就是确认学生在学习过程中的主体地位，把学习的主动权交给学生；教师为主导，就是在确认学生学习的主体地位的同时，规定教师在教学过程中的作用和活动方式主要是"导"。导，指引导、指导、辅导、因势利导，也就是根据学生的认识规律、思维流程、学习心理，正确地引导学生由未知达到已知的彼岸；训练为主线，是因为语文的基本性质是工具性和人文性的统一，其"工具性"决定了语文的学习必须把听、说、读、写训练贯穿学习始终。

"三主"思想具体体现在"自读、教读、作业、复读"的四种基本课式之中。

①自读课。自读课是以培养学生的独立阅读能力为目的的一种课式，着眼于有计划地培养学生自读能力。它分六步走，即"六步自读法"：认读、辩体、审题、发问、质疑、评析。②教读课。教读课是教师选择合适的教学方法，指

导学生进行阅读训练。教师的"教"指组织、讲授、指导、启发，帮助学生建立新旧知识的联系，使学生进一步理解、消化所学知识。③作业课。学生在学习后完成一定的口头和书面作业，强化对知识的理解，记忆和促进学习的迁移。④复读课。是指一种复习性的阅读训练形式。它包括"单篇复读"与"单元复读"两种形式。"单篇复读"是学生在学习新课文后的复习性阅读，"单元复读"是把一单元的课文集中起来进行复读性阅读的训练形式，目的是通过课文间的联系、比较，获得比单篇阅读时更系统、更具规律性的知识。实践证明，钱老师的"三主四式"导读法能有效地提高学生的语文水平和语文能力，特别是能在较大程度上加深对课文的理解，提高对课文内容记忆的准确性。"三主"既科学地处理了教学中的师生关系，摆正了教师、学生各自在阅读教学中的位置，又正确地指明"训练"是贯穿阅读教学全过程的最基本的教学策略；而"四式"也较好地从操作步骤上解决了导读的方法问题。整个体系完整、具体、有较强的可操作性。

3. 宁鸿彬"五步程序教学"过程模式

五步程序教学过程是指"通读、质疑、理解、概括、实践"五个环节。宁鸿彬，我国当代著名语文教育家，北京市第十八中学语文特级教师。宁鸿彬老师重视在教学过程中训练学生的自学能力，并在教学思想指导下提出了"通读、质疑、理解、概括、实践"五步程序教学过程模式。"通读"，即要求学生自己阅读全文；"质疑"，即要求学生在阅读时不能仅仅停留在表面，还要对课文深入钻研并且提出疑问；"理解"是在对课文深入钻研基础上获得对疑难问题的解决；"概括"是对所学习内容的归纳、总结；"实践"是对所学知识的具体运用，用所学知识去解决听、说、读、写中的具体问题。五步之中，蕴含着四个相关的环节：一是认真读书，提出问题；二是分析研究、解决问题；三是归纳总结，掌握知识；四是加强练习，运用知识。从这五步教学程序中可以看出，宁鸿彬重视培养学生的自学能力，让学生通过这五个环节培养善于思考、敢于质疑、精于分析的阅读品质，能通过自己的努力获取规律性知识，并且能够举一反三、灵活运用。

4. 魏书生"六步教学"过程模式

"六步教学"过程是指"定向、自学、讨论、答疑、自测、自结"六个环节，由魏书生创设。"六步教学"过程的基本内容包括以下几点：①定向。教师确定新课学习和训练的重点难点，使学生明确学习方向，心中有所准备。例如，讲《桃花源记》一课，生字有哪几个；词，虚词"焉"的用法，"妻子""阡陌交通"古今词意的不同等；句，这一课的省略句式比较突出，列为重点；译，哪一段是重点。还要理解作者在这篇文章里所表达的政治理想以及这种思想的局限性。②自学。学生根据制订的自学目标，根据学习的重点和难点自学教材，独立思考，自己写答案。不懂的地方，留到下一步解决。此时，教师要予以个别指导，启发学生主动质疑，并且收集学生之间普遍存在的疑难问题。③讨论。学生分组，把自学中不懂的地方提出来，共同讨论，寻求答案，教师可适时地加以提示或指点。④答疑。先是学生自己解答疑难问题，如每个小组都承担一部分，最后不能解决的疑难问题由老师解答。这是"六步教学法"的关键一环，教师要注重引导学生积极思考，融会贯通所学的知识，引导解答。⑤自测。根据定向指出的重点、难点以及阶段学习后学生的理解，由学生自己出题或相互出题检查自己的学习效果。题量一般控制在 10 分钟之内，当场评分，课堂上就能知道学习效果。⑥自结。下课前，每个学生都自己口头总结一下这节课的学习过程和主要收获，教师在成绩优秀、中等或较差的学生中，选择有代表性的学生，讲述自己的学习体会，使学生之间相互学习、借鉴，取长补短，有所收获。

"六步教学"就是教师通过这六个基本环节，来完成整篇课文学习的一个完整的教学过程。这六步程序，可以依据课文的特点和学生理解的难易程度形成若干变式，如浅近的文章，以学生自学解决为主，其他两步可以省略；若自测效果好，自结则可省略。魏书生非常重视培养学生的自学能力。他常常引导学生认识培养自学能力的重要性，鼓励学生培养自学能力的信心。他非常赞同叶圣陶先生所说的"教是为了达到不教"，并且在二十多年的教书生涯中始终遵循这条教育原理，获得了丰硕的成果。

尽管上述几种语文教学过程的结构并不十分完善，而且适用的范围也不完全相同，如有的适用于单元教学，有的则适用于一篇课文的教学，但这些结构的探索仍有普遍意义，与传统教学过程结构相比，新结构具有以下几个显著特点：

第一，师生关系完全不同于传统式的以"教师为中心"，而是既重视教师的主导作用，又强调学生学习的主体作用，把尊重学生的独立性放到了极为重要的位置，从学生的"学"入手，强调授以自学方法，培养自学习惯，发挥学生的主动性，从而使教师的"教"和学生的"学"之间的配合达到较好的统一。

第二，教学内容和手段系统化。首先是教学内容的系统化。表现在教师的"教"和学生的"学"有了明确的总体目标，总目标下又有若干阶段目标，在实现每个阶段的目标时，又制订出适合师生特点的相对稳定的活动程序，使学生在该程序的指导下进行学习，最后通过逐步调整、适应，形成一个较为完善的适合自身的学习体系。教学内容系统化后，教学方法也相应的系统化，教师是有目的、有计划、有步骤的培养学生的语文能力。

第三，注重评价、信息反馈在教学过程中的作用。从控制论的观点来看，学习是学习者吸收信息并输出信息，通过反馈和评价知道学习结果正确与否的过程。这里的评价，实际上是通过作业、练习、考试等方式对教学效果进行考核的过程。它是教学过程中不可忽略的重要环节。从教师的角度看，教师可以通过评价和反馈来确定自己教学效果的好坏，从而确立新的方案，以利于下一步教学；从学生的角度看，是从教师的评价（或其他形式）中得到反馈，从而判断自己的学习效果，调整学习方法，以利于下一步的学习。新的教学过程模式都很重视评价和信息反馈的作用。虽然未直接安排测试环节，但教学过程中的"总结""运用""练习"等，实际上也可起到考核、评价的作用。

第三节　高校语文教学的一般过程

一、学段教学过程

我国目前的教育体系，决定了语文教学过程的主要学段是指从小学入学开始到高中毕业为止。整个学段都是教师发挥主导作用，不断培养和提高学生语文学习能力，最后学生能够完全独立地学习语文并且运用语文知识解决工作和生活中的问题。但是，根据终身教育和大语文教育的观念，一个人在一生中接受语文教育的过程应该是长期的、多样的、持续不断的。除了学校的语文教育外，还有家庭和社会的语文教育，我们还要注意它们之间的联系与配合。

二、学年和学期教学过程

学年和学期教学过程是指在一个学年或学期中，语文教师要根据该年级或该学期的具体教学要求，把握学生语文学习主要特征和主要矛盾，确保该阶段教学目标能够实现，同时要注意各学年、各学期的阶段性和前后连贯性。

三、单元教学过程

单元教学过程是指教师在一个单元内指导学生学习范文以及进行听说读写训练的教学过程。目前语文教材中的学习单元，往往是由若干篇在某方面相近或相关的文章组成，因而在教学上可使教学活动相对集中，同类型的听说读写训练紧密配合，并辅之以朗读、习作以及课外语文活动等，使其相辅相成，共同促进于学生利用知识迁移的规律快速掌握知识、培养能力。单元教学的这些优点使其已经成为语文教学过程中的基本结构单位。常见的单元语文教学类型有以下两种：①主次型。教师一般先精读、精讲该单元的重点课文，使学生明确本单元学习目标和学习重点，并进行相应的读写训练，再用通读、略讲或课内外自学等方式学习其余课文，结合重点课文将所学知识和能力加以巩固、深化。②比较型。教师引导学生就几篇课文的某些问题进行比较、分析，通过掌握它们的区别和共同点来达到学生培养知识能力的目的。

四、课文教学过程

是指对于某一篇课文学习的教学过程。这个教学过程的划分是多种多样的，从三段到八段都有。但无论哪种划分，都可以大致归纳为以下三个阶段：

（1）导读阶段。教师导入新课，激发学生学习兴趣，提出具体要求使学生明确学习目标。

（2）研讨阶段。教师指导学生采用某种方式研析课文，学习、掌握相关知识，训练某方面读写能力。如理解作者的思想情感，学习文章的写作特点等。

（3）应用阶段。教师布置练习，指导学生完成练习，巩固所学知识。

这三个阶段是一个基本过程，每一阶段的具体安排要视教学内容和学生的具体情况而定。

第四节 高校语文教学方法的价值

语文教学方法的运用是受教学目的制约的，而语文教学的根本目的是使学生获得良好的语文素养，是使教师经语文教学获得职业的成功体验，并且与学生一起分享共同学习的快乐时光，使师生一起共度生命中的美好时刻。

一、有利于激发语文情感

教育最本质的特征是它的情感性。苏霍姆林斯基说："学校里的学习不是毫无热情地把知识从一个头脑装进另一个头脑，而是师生之间每时每刻都在进行心灵的接触。"人非草木，孰能无情。无论老师和学生，都是有血有肉、有情有感的活生生的个体，情感存在于社会生活的各个方面，毫不例外地存在于学校，存在于学校的语文教学当中。因此，作为教学主体的语文老师，必须是情感丰富之人，而非麻木不仁之人。但在应试教育等的重压之下，语文教师被严重异化成为教学的机器。于是，语文教学中鲜活的情感生活不见了，丰沛的人文精神被挤干了，语文教师真正成了一种换取一点微薄薪水的"职业"，而不是一种有品位的工作。老师的机械化、工具化的教学过程，带给学生的是双倍的不幸。一是遭受刻板、简单、烦琐的训练和折磨，二是造成人生最美好的那段时光的缺失。所以，语文老师的教学方法必须首先考虑学生对语文有感情，选用那种对语文有强大亲和力的教学方法。

首先，语文教学方法要有情趣性。情趣性浓的语文教学方法能调动学生喜欢教师的教学过程，产生高峰体验和高水平认知，譬如"泛故事化文本解读策略"就是一种颇具情趣性的教学方法。这种方法，把所有样式的文本视若故事，将某一文本视若一个大故事化中的若干小故事的共同体，由于"故事"的情趣性，就使得学生能够以轻松的心情进入文本，把学习过程置换成一种演绎故事的过程，在这个过程中体现的是参与的极大热情，充分的自主行动，使每个个体都能享受到快乐。

其次，语文教学方法应具有体验性。学习的对象经由体验建构成个体精神世界的文化基因。狄尔泰说"体验是构成个人生命的基石"，"是一种生命活动状态，是个体在当下的一种领悟、领会、关照与精神状态，是一种高度澄明的境界。"《语文课程标准》主张阅读教学要"注重情感体验，写作要感情真挚，力求表达对自然社会、人生的独特感受和真切体验"。体验作为语文教育的最具价值的理念，应该进入到语文课程的实施中，成为语文教学方法运用的必须建构的纬度。"文本"生成于体验，"作品"更是生成于体验。体验的亲历性培养实践主体，体验的形象性培养审美主体，体验的个性化培养性情主体。从某种意义上来说，个体的情感运动直接源于体验。

"朗读设计教学"就是一种不错的具有高度体验性的教学策略。朗读设计的朗读以"有感觉"定其位，其感觉源自体验，源自充分的感同身受的体验，没有充分的感同身受的体验，"感觉"就不可能到位。人在"通向语言的路上"就是要"亲身体验"。"朗读设计"的过程就是充分体验、感悟、理解的过程。在这个过程中，必须呈现出对朗读对象的高度关注、高亲和性，是情感与智慧的同时到位。可以这样说，"有感觉的朗读"事关语文教育的出路，应得到高度重视。

二、有利于自觉学习

承认并尊重学生学习的主体地位，培养学生学习的主体精神已经得到共识。

学生的主体精神则表现为自主性、主动性、自觉性。而自觉性则是自主性和主动性的根据。如果缺乏自觉性，自己就做不了自己的主，仍受制于他主，也就无从主动只能是被动。什么是自觉性？自觉首先是一种内在的情感倾向，即从心底里表达一种情感的认同，就是个体对自我主体性的自律。在语文学习中，自觉性就是学生对自己学习语文的自律。语文老师在语文教学方法的选用上，要有利于培养学生的语文学习的自觉性，有利于提升学生语文学习的自律水平。如果在方法选用上，教法和学法割裂，就会使学生处于被动的地位，成为被老师操纵的对象。如果语文学习并非学生个体的自觉行为，语文教学同样也是相当痛苦的，教师们将在无休止的催逼和焦虑中挣扎。

一般说来，具有共用性的方法是形成学生对语文学习自觉性的好方法。共用性的方法，即此方法既是教学方法，也是学习方法。例如，"提纲网络"教学法，就是一种师生共用的方法。教师可以用"提纲网络"的方法来解读文本，组织教学过程，学生习得"提纲网络"之后，随即成为自己的方法，也可以用以解读文本，用以构思写作，甚至可以用它来构思自己的演讲。

三、有利于愉快学习

在教学方法的选用上，我们主张愉快的教学，主张学生的学习生活是愉快的，使学生时代成为人生中最值得回味的时光。当人们在心情不好的时候，是会出现"视而不见""听而不闻""食不甘味"的情形。可见，让学生拥有一份健康愉悦的心态，对他们的学习何其重要。赞科夫曾说："扎实地掌握知识，与其说是靠多次重复，不如说是靠理解，靠内部诱因，靠学生的情绪状态而达成的。"因此，在教学方法的选用上，愉快意识必须强化。在教学的具体实践中，我们也看到，当学生状态不好的时候，读了多遍的材料，仍然记不住，勉强记住了，很快地也就忘了。反之，正如班斯基所说："情感状态总是和内心的感激、同情、喜悦、惊奇和许多别的情绪联系的。正因为如此，注意、记忆、理解某事物的意义在这种状态下由于个人深刻的内心感受而丰富起来。而这些内心感受使上述的认知过程加紧进行，并因此能更有效和高质量地达到目的。"

一般说来，快乐的语文教学方法有利于学习的愉快。

语文教学方法的娱乐性，不同于在教学过程中加入娱乐活动，而是方法本身就具有娱乐性。存在于教学方法中的娱乐性，当然就是为了愉快的教学。"泛故事化文本解读""朗读设计"等都是具有一定娱乐性的，因而引起学习的愉快。尤其是"演述教学"更具有十足的娱乐性，更是愉快教学的方法。"演述教学"中的"评书"式演述、"故事"性演述、"相声"性演述、"课本剧"式演述，无一不具有"文艺节目"的娱乐功能。"演述教学"，学生主动又快活，何乐而不为呢？"闲聊性"，意味着心态平和淡定，人际平等没有压力，意味着不会被"目标"追着跑，意味着"不劳而获"。"闲聊性"，就是要在那种不经意间，似乎并不辛劳的过程中，有比之辛劳而有更多的，甚至是意外的收获。上海育才学校搞的"茶馆式"教学，就是具有闲聊性的教学路子。"会话"教学的语文教学方法，也是"闲聊性"的教学方法，老师和学生就共同的或随机的话题展开会话，双方无拘无束，不需要说服谁，也不需要引导谁，只要会话能轻松地进行下去就行，会话中来些见闻、掌故，来点幽默，自然而然中话题渐入渐深，学生情绪渐高，思维渐敏，于是整体性地渐入佳境。在这种平易而自然的过程中，如沐春风，受到语文的陶冶，无论在认知还是情感方面都是大有收获的。这其实也是将语文做大的效应，是大语文观在课堂教学中的产品。不能以为有严格程序设计的才是语文方法、语文过程，往往那种"非设计"性的东西，更有语文味。

四、有利于终身学习

语文教学方法的经营，不应当只是利在当前，更应该利在将来，利在你传授的一系列方法可以相伴学生终身的学习生活。现在是一个终身学习的学习型社会。学校教育必须具备服务于学生终身学习的功能，这种功能由许多因素构成，而其中的学习方法因素具有非常重要的地位。因此，我们在方法上既要着手当下的学习，也要着眼未来的利用。

第五节　高校语文教学的特殊方法

　　语文教学的方法很多，如讲授法、谈话法、讨论法、练习法、实验法、演示法、参观法等。这些方法同时也是其他各学科教学的常用方法。本节专门讨论适合语文教学的特殊方法。

一、朗读法

　　朗读是发展学生语感能力最重要最直接的途径，而语感能力被称之为能力中的能力，语文教学应以语感为中心。朗读还是通向口才的桥梁，是形成和提高书面表达能力最有效的途径。朗读还是对文本最有滋味的体悟、完整把握的有效途径。朗读还可以培养人的艺术趣味，使生活审美化，发展健全人格。朗读设计教学因其生动有趣，贴近青少年的精神世界，是极受学生欢迎的。这种教学能使学生身心愉悦，对他们注意力的成长、优良习惯的养成、阅读兴趣的恒久都有不可估量的影响。

　　那么，朗读对朗读者有何要求呢？朗读不是简单的文本的声音化，而应该是文本信息的口语再现及再创造。说直白一点，就是以你的口头语言去"造型"，造文本信息给定的那个"型"，使听者能"见型"，即如见其人，如闻其声，如历其事临其境，如味其情，如谱其理，就是自己读有感觉，让人也有感觉。一句话，就是要读得"像"。那么，怎样才能读得"像"呢？我们认为应该是"有感觉"的朗读。读什么像什么就叫有感觉。有感觉的朗读不仅重新界定了我们对朗读的要求，同时开启了我们建构朗读教学策略的思路。

　　朗读设计教学应运而生。朗读作为阅读教学的重要活动方式，可以在课堂上获得主导地位，朗读活动可能是大多数时间或全部时间。

　　朗读设计是对朗读成什么样子的终端性设计，是对文本信息的整合有创造的口头言语表达，是一种很有感觉的状态。其设计出来的"产品"体现了你对文本的理解、体会及独特的感悟。因此，设计的基础是深刻的理解，深入的体会及独具个性的表达。设计的过程也就成了理解、表达、创造的过程。在这个过程中形象思维和抽象思维高度互动。例如，我们要设计《乌鸦喝水》中的一段"一只乌鸦口渴了，到处找水喝。乌鸦看见一个瓶子，瓶子里有半瓶水。可是瓶口小，乌鸦喝不着，怎么办呢？"读过这一段之后，头脑中鲜明生动、具体如电影一般浮现乌鸦在场"境""况"，以此进入我的思考体会，设计朗读。乌鸦为什么会口渴呢？也许是天气太热，乌鸦太贪玩玩过头口渴了。口渴了是一种什么滋味呢？它一定很难受。我们自己口渴了不是也难受吗？它是有一点口渴呢，还是渴得很厉害？如果不是渴得厉害它"到处"找水喝干吗？我们读"口渴了"得把难受感表现出来。"到处"反映了水源对乌鸦很重要，不是它想喝就喝得到的，弄得它很辛苦，本来就口渴，现在还得"到处"找一番。可见这个"找"的辛苦和焦急。所以我们读"到处"要表现空间的广度、乌鸦的奔忙。"找"要读出辛苦和焦急。事件似乎出现转机，它看见了一个瓶子，里面还有半瓶水。这给乌鸦一阵惊喜，苦苦寻找，一不留心，半瓶水就到了眼前。后面呢，一转，"可是"令乌鸦失望极了。瓶口小啊，大嘴乌鸦倒腾半天，没办法喝到水，怎么办呢？真急死人了。于是我们的朗读就在这种不断的理解和体会中被设计出来了，带有个性地再创造了一番。如果再辅之以相应的形体语言，说这是一种艺术化活动也不过分。由上可见，朗读设计是一种带有很强的探究性的学习活动，在这个活动中学生的思维能力得到了有效的训练，活动中学生的主体意识得以开发和生成。

朗读设计的操作策略：一是学生评点，体会老师有感觉很到位的朗读；二是学生选择、评点、体会老师的几种读法；三是学生自我设计，老师评点，或老师、学生共同评点；四是学生们的若干种读法，老师、学生共同来选择、评点、调整、组合。在这些活动中，师生双边主体性得以体现，师生在高效互动中进入全方位合作学习的境界。

朗读的设计活动不是我们的最终目的，我们的目的是由此走一条通向上乘语感的道路。设计活动在形象思维的提升中，语感的建构中逐步发展。因此，设计过程也逐步缩短，以至有感觉的朗读一步到位，不再经过设计。其读出来的"产品"本身就是蕴涵着我们深刻理解、深入体会、个性鲜明的再创造的。

从这个意义上来说，恰好说明"感觉"大于"理解"并涵盖理解。

朗读设计教学的关键在教师。对语文教师来说，朗读应成为他们的第一素质。语文教师的专业能力，首先看其是否有很到位、很有感觉的朗读。教师获得朗读素养，除提高文学修养，潜心揣摩外，还可以从戏曲、音乐的欣赏等途径获得。

二、演述法

演述的演指表演、演出、演绎、演说；述指叙述。演述的方式因此成为一个大家族，至少包含故事化的演述、评书化的演述、相声化的演述、小品化的演述、戏剧化的演述、电影化的演述等。

演述教学法大致经历探索文本、再创造、形式设计、演述演练、演述进行、评价、更新演述七个环节。

文本的探究是最基础的工作。所探究的对象是包含在文本中的所有内容，包括文本的细节，构成方式以及语言特征、表现手法等。其中不仅有全面的理解，还有探究者的体会和感悟。为演述成功的需要，这个环节必然要做好。

再创造环节是在对文本探究之后，为满足演述要求必须进行的加工改造工作。不仅文本样式要改变，而且文本内容也要改变。譬如说，你要演述《西门豹》，便要根据故事情节丰富细节，使人物形象鲜明生动。课文中的西门豹具体形象如何，不清楚，只有一个名字，你就必须创造出一个形象逼真的西门豹来，在你的故事中描述他的长相、身材、性格、事迹。这样的工作就叫再创造，即源于文本创造的再创造。再创造的工作对所有演述形式都是必需的。在再创造中，学生的主体创造精神得到肯定和发展，尤其是创造性思维能力得到良好的锻炼。在再创造过程中，学生踊跃的想象、联想，以至幻想，发散自己的思维，并且将自己的生活、自己的经验、自己的阅历融会到再创造过程中，他们会觉得学习是一件十分有意思的事情。

形式设计环节指选择恰当的演述形式。这里设计表示为选择，也就是说哪一种形式更合适一些。合适指学生对某种形式的熟悉程度以及喜爱程度，另外还有一个新奇程度。当然，演述形式不同的训练价值也有差异。故事、评书强调叙述能力、刻画能力、语言组织能力等。小品强调合作能力、空间虚拟能力、活动能力、组织能力。相声需要合作能力、对话能力、幽默能力、悬念能力。戏剧需要表演能力、时空构思能力、对话能力。电影需要组接能力（蒙太奇）、镜头运用能力、画面构思能力、美术音乐音响能力、摄影能力等。一般情况来说，在学生中宜采用比较经济的形式，如故事、评书、小品之类。另外学生还应具备相应的表演形式方面的知识，可以先采取观摩及模仿的方式让他们有所习得。

演述演练是正式演述的准备阶段，准备到位是其基本要求，满足这个要求的是精益求精的理念。为了做到"精"，就需要反复，需要自我批判，没有自我批判就无所谓反复。自我批判意识和能力的建立、发展是求精的必经之路。自我批判是人格完善的必备条件，可见准备阶段对"完整的人"的形成的重要性。反复意味着认真、耐心、坚持，由此可以培养正确的人生态度，克服浮躁心理。

演述进行环节是展示成果的环节。这是一个张扬自我，期待成功的时候，演述者重要的是信心，要主张积极的暗示，勇于面对。对于观众要主张理解、信任、配合及取长补短、取长补长。

评价环节也是不可少的。评价应该是一种研究的、改进的、与人为善的态度，把自我评价与共同评价结合起来。评价不仅求是，而且求美求善。评价中，应提倡反思性，提倡心灵的开放性和心理的承受水平。

更新演述环节则是前述各环节的整体整合及升华。当然，它不会是一个终止性的环节，它应向更高水平发展开放。如果有比较恰当的机会和充裕的时间，可以再进行演述。

上述所列七个环节，孰前孰后，交叉融合，没有定式，在展开的顺序上可以变通，要因时因人因文而制宜，提高学生的语文素养即可。

老师在整个演述教学活动中充当组织者、协调人、服务员、对话者角色，学生则可以选择独立演述人和合作演述人的身份。演述是需要观众的，观众是作品重要的合作力量。除调动同学演述的积极性以外，还要调动其作为观众的积极性。合作形式有对应合作、小组合作、大组合作、班级合作。对应合作指一对一的对手戏。小组合作可以是循环性的一对多的合作，也可以是组内各司其职的合作。大组合作可以是组际之间的互换性的观众与演述的合作，也可以是表演者与评论家的合作。班级合作则指的是全班性的汇报及研讨。

演述教学对于语文学习来说是一个输入与输出的过程，对于发展学生语感能力的作用极大。学生的揣摩和领悟，学生的再创造和让人觉得"很有感觉"的表演，学生生动的想象和联想等无一不是语感训练。

当然，演述教学也将面临时间、课堂管理等难题，如果要开展这方面的教学，可以采取先小步后大步，先局部后整体，先少数后多数再全部的策略。

三、泛故事法

泛故事法有两层意思，一层是指无论是记叙文、说明文、议论文，还是诗歌、散文、小说、剧本、寓言、成语故事，全都可以以故事看待；另一层的意思是，在同一文本中将大故事分解成若干小故事，如《麻雀》，大故事可以是一个关于麻雀的故事，其中分解成关于小麻雀的故事，老麻雀的故事，狗的故事，猎人的故事。

（一）泛故事法的操作途径：链接、锁定、搜索、探究

链接，直接使用联想词"这是一个关于……的故事"。例如，这是一个关于"丰碑"的故事。这个故事是"大故事"，然后分解成：这是一个关于将军的故事，这是一个关于军需处长的故事，这是一个关于警卫员的故事。

锁定，锁定其中一个故事以进行关于这个故事的活动，然后再锁定另外的故事进行活动，如先锁定将军的故事，再锁定军需处长的故事，再锁定警卫员的故事。

搜索，对锁定的故事进行搜索。搜索的范围包括两方面：一方面搜索构成这个故事的要素；一方面搜索这个故事的联系，包括内部联系和外部联系。内部联系就是要素间的联系，外部联系就是和其他故事的联系。比如将军的故事，搜索到的要素是：①率领一支红军队伍在云中山为后续部队开辟一条通路。②他早把他的马让给了重伤员。③他思索"这支队伍能不能经受住这样严峻的考验"。④他在队伍放慢速度，前面围着很多人的时候，催促部队不要停下来快

速前进。当听到警卫员跑回来告诉他，前面有人冻死了，他什么也没说，快步朝前走去。他看到了一位冻死的红军老战士。⑤他嘴角边的肌肉抽动着向身边的人吼道："把军需处长给我叫来，为什么不给他发棉衣！"⑥他两肋的肌肉抽动着，像一头发怒的豹子，样子十分可怕，"听见没有！警卫员，叫军需处长跑步过来！"⑦当他知道冻死的老战士就是军需处长之后，他愣住了，久久地站在雪地里，他的眼睛湿润了，缓缓地举起右手，举到齐眉处，向那位跟云中山化为一体的军需处长敬了一个军礼。他什么话也没说，大步走进漫天的风雪中，他听见无数沉重而坚定的脚步声，他坚信，如果胜利不属于这支队伍，还会属于谁呢？搜索到的内部联系是：①将军思索他的这支队伍能不能经受住这样严峻的考验和他看到了一位冻僵的老战士之间的联系。②他看到冻僵的老战士和对军需处长的极度愤怒的联系。③他听到冻死的老战士就是军需处长和他愣住了，眼睛湿润了，举手向军需处长敬了一个军礼的联系。④他思索这支队伍能不能经受住这样严峻的考验和他坚信"如果胜利不属于这样的队伍还会属于谁呢"的联系。搜索到的外部联系是：①将军和军需处长的联系。②将军和警卫员的联系。③将军和红军战士的联系。④将军和云中山的联系。

探究，就是对我们锁定的故事进行探索研究。探究的内部是故事的意义、价值、特色。意义的探究依据的是文本逻辑，价值的探究依据的是自我逻辑，特色的探究依据的是审美的逻辑。探究活动既可以指向大故事，也可以指向小故事，还可以指向我们搜索到的故事构成要素以及要素间的联系，内部、外部联系。尤其是对搜索到的信息进行探究，对提升我们的语感水平有直接的建构作用。这里仍以"将军的故事"的探究为例。

1. 意义探究

①"将军的故事"中的将军是一个什么样的人？这个人物的意义是什么？他是一名红军将领，负责为后续部队开辟通路，他为遭遇云中山这样的环境，为部队中伤病严重，为可能吃不上饭、睡雪窝，为一天要走一百几十里路，为可能遭到敌人的突然袭击而担心而焦虑，他思索这支队伍能不能经受住这样严峻的考验。他愤怒于军需处长不给那位冻死的老战士发棉衣，他向军需处长敬

军礼，他坚信这支队伍一定能取得胜利。这些，可以看出，他是一个负责任的将军，是一个十分爱惜战士的将军，是一个在战士受到伤害时十分痛心的将军，是一个治军严格、思想觉悟高、信念坚定的将军，是一个爱憎分明，感情强烈的将军，是一个形象鲜活的红军将领。将军的意义就在于，红军队伍有了这样的将军，革命必定胜利。②将军早把他的马让给了重伤员说明了什么？有什么意义？一个"让"字，看出红军领导人爱护战士的传统，一个"早"字，看出这支队伍伤病严重。③将军看到冻死的老战士想到了什么？由单薄破旧的衣服紧紧地裹在老战士身上，想到军需处长严重失职，不由得愤怒。④将军向军需处长致敬说明了什么？一是愧疚，一是崇敬。将军什么话也没说，大步走进漫天的风雪中，为什么？如果将军要说，必定是说关于继承军需处长的遗志，发扬他的伟大的革命精神，但将军的一个军礼，已经说明了一切，所以不用说，他大步走进漫天的风雪中的果决行为，自然就成了一种感召力。他听见无数沉重而坚定的脚步声，就是感召力的证明。沉重不仅在脚步，更在战士们心中，因为军需处长为战士们牺牲了。坚定，是革命信念的坚定，因为他们心中已立起一座信念的丰碑，军需处长以坚定的革命信念，克己奉公，无私奉献，牺牲自我的精神，已经化作了这支红军队伍的精神的丰碑。④将军和警卫员的联系，警卫员快步跑回来告诉他前面有人冻死了，说明将军命令警卫员前去察看前面为什么围了一大堆人，警卫员快去、快回，准确报告情况，说明警卫员忠实执行命令，后面将军吼道"把军需处长给我叫来"，警卫员却无动于衷，引起将军的愤怒，"听见没有，警卫员！"可以看出警卫员已经知道牺牲的老战士是谁了，但跑回来没有把这一情况直接告诉将军，为什么？可能担心将军会受到很大的刺激。⑤将军和军需处长的联系是文本的核心。将军为什么对军需处长如此愤怒，强烈谴责是老战士牺牲在衣服单薄破旧上，军需处长怎么能不给老战士发棉衣，尤其这样一个老战士！简直是严重罪行！混蛋透顶！我们的战士没有牺牲在战场，竟然死在你军需处长的严重失职，我们这支队伍面临如此严峻的考验的紧要关头，在我们内部却出现这样严重的问题，将军能不愤怒吗？当得知牺牲的老战士就是军需处长时，将军会有什么样的反应？他愣住了。一个"愣"字，说明他受到了巨大的精神冲击，一个精神极度激昂的人，遭遇到和引发他的激昂的相反事件，最严重的可能导致思维的中断、意识停止、行为变形。将军这一就可能包括这种现象，他正遭受着精神上和感情上的巨大打击，怎么会是这样？我怎么会这样，久久地站在雪地里，忍受心灵极大痛苦，由对自己深深的愧疚，慢慢升起对军需处长伟大的人格、伟大的精神的无比崇敬。这时他热血沸腾、眼睛湿润，举起右手向军需处长敬了一个军礼。将军和军需处长的关系，我们不能简单地从一个"误会"来解释，误会的解决方法是消除误会，将军没有去误会军需处长，作为他的部下，将军肯定十分熟悉他，但此时是"无法辨认他的面目"，这个误会是老天爷造成的，警卫员没能给将军报告牺牲的老战士就是军需处长，警卫员给老天爷制造误会帮了忙。这不是将军的误会，将军必然会这样做。将军的必然和军需处长的必然，形成了两者之间的巨大张力，就因为这种张力才使两个人物形象变得鲜活，给我们带来深深的感动。⑥将军本身的联系，尤其将军开始的焦虑、思索，这支队伍能不能经受住这样严峻的考验呢？到最后坚信胜利，胜利一定属于这样的队伍，将军的担心，因一个突发事件，成功地得到解决。⑦将军正担心着，却突然听说有人牺牲，使将军的担心越发严重，这就是将军的思索和眼前所见的联系。

2. 价值的探究

①关于军需处长。如果我们锁定了军需处长，搜索了关于他的种种因素和联系，我们就可以判断，军需处长的价值是一种信念，他是信念的丰碑，这个价值判断就超越了仅停留在他的人格意义层面。另外，我们也有这样的疑问，军需处长衣着如此单薄破旧，就没有引起注意，他的战士们就没有看到吗？有没有解决的办法？将军把他的马让给了重伤员，就非得要写军需处长将衣服让给其他的战士？②警卫员没有及时告诉将军，牺牲的人是军需处长，除了我们前述的原因外，是不是也有将军脾气大的因素？价值的探究以自我逻辑的方式进行，是自我的一种实现方式。

3. 特色探究

①环境的叙述与描写。云中山的严酷，这支红军队伍可能遭遇的困难，为信念之丰碑营造了氛围，可谓艰难困苦。②将军和军需处长的关系是本文最具

特色的描写，本文以一种极强的张力，使将军和军需处长两个人的人格特征既鲜活又饱满。③"丰碑"的象征意义及象征性描写。④无言之美，将军向军需处长致敬而无言，将军什么话也没说，大步走进漫天的风雪，都产生了"此时无声胜有声"的效果。

（二）泛故事的语感习得分析

1."泛故事"的语感意义

泛故事伴随的形象思维，是想象联想，是鲜活饱满流转运动的场景、人物、事件。它天然的逗引人们的兴趣，激活人们旺盛的阅读期待，这也是语感的可感性特点的体现。它直接链接成一种感知行为。这样的阅读方式姿态比起那种直接采取思辨的阅读方式姿态，让人感到更轻松，更具效率。例如，古诗教学，一般做法总是要采用疏通词语，理解词句，揣摩意境，最后将古诗译成现代汉语。这样，古诗教学变得了无生机，学生感到无聊。不如我们来换一种形式。白居易的《池上》"小娃撑小艇，偷采白莲回，不解藏身处，浮萍一道开"。我们将它链接成关于"白居易的故事"和关于"小娃的故事"，一下子我们便回到唐朝一同经历小池事件。我们看到白居易所见荷池上一小娃撑来一小船，直奔白荷花而去。将荷花采下之后撑船而归，白居易心想，荷池又不是你家的，小娃采荷，偷无误，既然偷采，为何不注意搞得隐秘点，被人发现总是不好的事情，你真让人担心哪，你看看船破浮萍，一道分明，真是太无心计了哟。白居易为何不制止？还为小娃担心，那是小娃此举太天真太有趣了。因为此时白居易渐入老境，又多伤病，多少有些颓废，见此一幕，童年时光油然而生，生命力被此一激，找回童心，多么快活呀。而小娃的故事呢？我猜这小娃是一女娃，见白莲可爱可喜可玩便直奔而去，所以那偷和"藏身"的意识全无，好看便采，纯粹率真，并无白居易那些心思，真心觉得有趣罢了。两个人的故事分明告诉你童心之嘉，童趣之可爱。在这种津津乐道中便构造精神上的永恒风景，筑起想象力的新的平台。

2.搜索的语感意义

搜索的操作，很明显地把我们带入一种精细隐微的境界。搜索的过程，学生主体的主动的姿态自觉进入到文本深微境界，这样就为语感力深入到文本构成的潜隐深处提供了训练的机会，这种探入潜隐的功练，必然会豁然腾挪为一种知觉能力，这是人们心理机能的客观趋势。一种直奔中心、直插幽隐的能力便形成了，这便是不需要复杂的思辨程序而直接抓住要害的直觉能力。泛故事化文本解读的搜索训练，便有这种功效。

四、追问教学方法

追问教学方法最突出的功能是求取对文本深度理解与感悟。可以说，你想你的理解有深度，感悟深刻，都要追问。追问在教学中出现的频率很高，当然，多为自发性质。这种自发表现为：一是没有将追问作一种能力进行有效的训练；二是没能建构起追问的操作机制；三是多为老师单向性的活动，缺乏师生互动。我们特别需要追问这种学习的智慧，让它在语文教学中成为一种自觉。

（一）追问操作的思维结构

追问的结果是三位一体的思维模式，即：是什么？为什么？怎么样？

"是什么"解决的是锁定追问的对象。这对象可能是文本的题目，这就发生了审题读书。可能是一个词语，一个标点，一个句子，一个句群段落，几段话的一个场景，一个情节，一个人物，一个判断，一个细节，等等。

"怎么样"解决的是形态、形状、形象等。"象"的问题，所使用的是形象思维，是想象、联想。在追问这一环节中直接决定了追问的质量。"怎么样"到位，指的是"象"的鲜活饱满。鲜活饱满之"象"就提供了抽象意义，判断其因果，链接其关联的可靠的凭据。也就是说"象"的鲜活性、饱满性本身具有强大的穿透性。

"为什么"解决的是因果性、意义性、价值性、关联性的问题。它使用的是抽象思维，是判断、推理、归纳、演绎。它直接运用在鲜活饱满当中，鲜活饱满之"象"为"为什么"提供程度充分的可能性。同时，"为什么"也有启动"象"的展开运动的作用。

追问的三个问题，只是一种模型。它在操作中可以置换为相关的问题方式，并且三者之间是互相作用的。

（二）追问方法操作示例及解析

《倔强的小红军》一文中有这样一个细节，小红军牺牲了，陈康发现了他的"鼓鼓的干粮袋"里装的是一块燃焦的牛膝骨。骨头上还有两个牙印儿，这必然引发我们的追问。"是什么"，让我的思维锁定在牛膝骨上；"怎么样"，一块烧得黑黑的、上方留有牙印儿的牛膝骨。这块牛膝骨从何而来？我们想象这位小红军的干粮已尽，粮袋里的干粮已颗粒无存。小红军早已是饥肠辘辘。于是他必须找吃的，他到处找寻，一无所获。猛然发现一堆灰烬，以为出现希望，心中一阵高兴。但他翻遍这堆灰烬，没见到任何可以吃的东西，只留下些烧焦的牛的残骨，饥饿难耐，眼前一个烧焦的牛膝骨，让他闪过一种饼呀、馍呀的幻觉，于是迅速地拾起来，狠狠地一口下去，两个牙印留下了。"吃"的问题没解决，只得扔掉，但又不想扔掉还是留着吧，这毕竟是牛身上的东西，把它装进干粮袋吧，这袋子空着也是空着，也许还用得着，至少我的干粮袋变得鼓鼓的呢。这是我们想象的牛膝骨的故事。想象得还算合理，还算鲜活、饱满。现在我们稍微分析一下，这个想象中存在着形象思维和抽象逻辑思维的互动。为什么小红军捡到牛膝骨，因为他的饥饿。为什么想啃这牛膝骨，一是因为年龄小，不像成人那么理智；二是饥饿逼迫得太急；三是眼前因饥饿出现瞬间的幻觉。为什么他要把这不能吃的烧焦的牛膝骨放进自己的干粮袋，是因为他觉得这块牛膝骨尚有些用途。这就是我们想象的牛膝骨的故事中形象思维和抽象逻辑思维的互动情况。但我们的追问并未到此为止，我们仍要往前推进。牛膝骨上的牙印儿的意义在哪里？从牙印儿我们看得出这小红军有一股劲儿，若是温文尔雅的人，绝不可能让这块硬邦邦的骨头留下牙印的，就算是饿急，一般的人还是要先试试吧！哪会像他那样不管不顾，一口便狠狠地下去了！这样，我们就清楚地看到小红军身上的倔强劲是怎么回事了。这样，小红军三拒陈赓就好理解了，这是性格使然。有人认为这和他受到革命教育觉悟有关，关系倒是有一些，但这关系并不很大。如此来说，小红军三拒陈赓的思想意义就不大了吗？恰恰相反，我们看到的是一条汉子，一条小男子汉。歌云："红军都是钢铁汉"，难道说这意义还算小吗？

陈赓也是一条好汉，英雄惜英雄，好汉惜好汉。因此，他回想他长征那段经历时，才那样荡气回肠，情不自已。你们看，追问之法何其妙也。

（三）追问方法的语感意义

追问以形象思维和抽象逻辑思维的深刻互动，一方面鲜活，饱满其形象，另一方面不断向意义、因果的纵深开掘。因此，它造就了极具穿透力的感觉世界、经验世界，使内心徜徉着体验的景致，将语言文字转化为自身生命的要素，也因此造就和敏化了洞悉事物本真的能力，也就是我们称之为直觉的语感能力。

五、音画整合法

音画整合法的音是指音响、音乐、声音。画指图画、画面。前者是听觉对象，后者是视觉对象。音画整合是指将音画元素整合进语感生成、发展当中来，使语感形成、发展过程与音画因素联系起来。

（一）语感与乐感、画面感

从感觉角度来讲，语感与诸多类型的感觉有相当大程度的相通之处。比如语感与乐感、语感与画面感、语感与运动感等。一曲《青藏高原》，李娜给我们苍茫雄浑的感受，用演唱很好地把旋律、歌词的境界表现出来了，可谓珠联璧合，无论以歌词体验旋律，还是以旋律体验歌词，李娜的演唱都会让人倾倒。李少春先生的杰作《野猪林》一剧中《大雪飘》唱段，荡气回肠，唱尽英雄末路的无限悲愤，其引腔专板，一招一式，无不经典地诠释出了戏文的神韵。可以这样说，李少春先生以自己卓越的表演，"说"出了他对戏文的感受，是语感的戏剧性表达。欣赏美术作品有"读画"一说，所谓"读画"，乃是以深刻的体验，走进画作的风神意味中去，让心灵与画作的精神交融，与画作者共鸣与对话。苏东坡说王维"诗中有画，画中有诗"，便是典型的例子。苏东坡用"画"来感受王维的诗，用诗来感受王维的"画"，一是语感的画面感表达、一是画面感的语感表达。我们再来看看运动：如球类运动中，我们知道运动员要有很强的"球感",球感好不好,决定了球员的价值。激烈的足球运动,更是依赖球员的球感,驾驭场上的机会和主动权。天才足球运动员罗纳尔多、罗纳尔迪尼奥、贝克汉姆、马拉多纳、维阿、贝利等,无不具备超一流的球感。和语感敏锐的直觉的特性一样,运动员需在瞬息万变中,在第一时间作出反应。能作出反应,只能依赖直觉,也就是依赖球感。

(二)音画整合促语感

以音律引发对文本的体验感悟。例如,《十里长街送总理》,用《哀乐》和《国际歌》旋律的穿插交叠作背景进行朗读,那种沉痛、悲伤的感受将非常深刻;用《东方之珠》的旋律讲《香港夜色》的故事,更能强化对香港之爱;用《命运》的旋律来讲《普罗米修斯》的故事,更能激发人们对普罗米修斯的景仰;《文成公主进藏》配以《珠穆朗玛》的歌曲,更能体验雪域风情。

以音响刺激体验的强度。《飞夺泸定桥》,哗哗的雨声、汹涌澎湃的水声、激烈的枪炮声、嘹亮的冲锋号声、雄壮的喊杀声,彼落此起,交织成一片,体验红军战士的英勇顽强,克敌制胜的雄心,当是异常深刻。《美丽的丹顶鹤》,配以鹤鸣,将体验到别样的情趣。《雷雨》配以雷声雨声,《观潮》配以涛声、潮声自不待说。

以画面来饱满语感。我们认为,画面的运用,应和学生的想象、联想互动,在互动中使语感更加饱满。因此,要把握好画面出现的时机,设计好画面内容。一般来说,画面宜在学生充分体验、想象、描述之后,而不是之前。画面的设计不宜过分充实,不宜过分终端化。太写实易拘执,太终端易滞塞。拘执便不活泼,滞塞就不通达,就会成为语感的障碍。画面的设计一般动态一点,夸张一点,变形一点,幽默一点,这样利于头脑的轻松和兴奋,易于找到感觉,易于语文和个体的亲和。

音画元素的综合。音画元素综合性地和言语元素整合到一起,其主要功能是境界性更饱满,感觉性更强烈,使情绪更高涨。例如,王维的《鹿柴》"空山不见人,但闻人语响。返景入深林,复照青苔上"。一座人迹罕至、清冷空寂的山林,林木并茂,时光仿佛回到了过去。却偶然听见三两人声,似乎这山林并不寂静，但这三两人声在这天边的寂静中被稀释得若有若无，山林中更显空旷幽静。山深林密，已显幽暗，更有千年青黑的苔藓，更是暗中又暗。而一抹残阳，欲以温暖鲜亮这幽林苍苔，但夕照虽美，只是一瞬。一瞬之后，夜幕降临，幽暗更深。诗人王维又是一个画家、音乐家，这首诗集诗、画、乐一体。王维以其对画面、色彩、声音的敏感，写出了有声的寂静，有光的幽暗，创造了一个特殊的艺术境界。我们不仅需懂得《鹿柴》诗意，更要体验、领会其境界。我们可以做这样的设计：摇过轻雾弥漫的连绵起伏的山岭，将山岭缓缓拉近，一片茂密的森林，让镜头在幽暗的林间穿引。黝黑的树干，厚重的青苔，堆积的落叶，时有一段溪流潺潺，一抹残阳从枝叶间挤过，苍苔上一痕暖红，瞬间淡去，村子逐渐暗下去了，眼前混沌模糊。音乐随画面一起律动，音乐可截取《天籁》的若干段落，可穿插洞箫、古琴的乐句。音响也嵌入其中，叮咚的水声，乍然的鸟鸣、人语、笑声，把这些音响处理得似有若无，若隐若现最好。在音画氛围中默读《鹿柴》，一遍两遍，若干遍，于是那境界身心俱入。这样的教学使人感悟力大增，语感力大有进益。

（三）音画整合的语感意义

音画整合和情景教学有某些类似之处，不过，两者不是一回事。区别在于，情景教学营造情景是为达到理解，音画整合的目的是体验、感悟，是为了产生深刻的情绪，是为了生成并升华语感。

音画整合的语感意义在于：

（1）音画元素能激发语感，使语言所表达的境界、氛围、情感情绪，在音画的支持下饱满、鲜活、深刻。

（2）提升感觉的转移能力，将语言转化为音画、音乐、音响等。

（3）提升感觉的综合概括能力。整合的成果形成方式是视觉的、听觉的综合，是全方位的综合。

第七章　高校语文和谐课堂教学方法实践

第一节　和谐课堂教学创设的理论基础

一、哲学基础

任何一门学科的建立都需要有哲学的指导，和谐课堂教学的构建也离不开哲学思想的指导。马克思主义哲学是科学的世界观与方法论，它要求我们要用辩证唯物主义和历史唯物主义观点去研究和谐课堂教学的构建。用普遍联系和永恒发展观点，把和谐课堂教学的构建置于多种因素相互联系的动态过程中进行研究。用辩证唯物主义的对立统一规律、否定之否定规律去探讨和谐课堂教学的构建，用量变质变规律去分析课堂教学过程的变化。用内因和外因的辩证关系来分析学生的主体性和创造和谐的课堂教学环境，用整体和部分的辩证关系来对和谐课堂教学进行整体构建。

课堂教学是一个系统，它是由若干教学要素构成，如：教师、学生、教学内容、教学方法、教学手段等，这些教学要素又是相互联系的，它们之间既存在着和谐的一面，又存在着不和谐的一面，和谐与不和谐这种对立统一的矛盾贯穿于整个课堂教学中，推动教学过程的不断发展。否定之否定规律告诉我们事物是肯定方面和否定方面的统一，否定是对旧事物的质的根本否定，但不是对旧事物的简单抛弃，而是变革和继承相统一的扬弃。因此，课堂教学中某些不和谐的音符（如：教师与学生之间、学生与学生之间看法的不一致）是对学生有利的，它们是学生创造性思维发展的源泉，我们要充分利用这一部分"不和谐"，但有些不和谐是不利于课堂教学和学生发展的，故而我们要创设一定的条件使这部分不利的不和谐向和谐转化。和谐是有层次的，往往经历着从"不和谐"到"和谐"，再到"不和谐"再到"更高层次的和谐"这种周期性的螺旋式发展过程，体现了矛盾运动的规律。和谐课堂教学也同样经过"和谐"到"不和谐"到"更高层次的和谐"的周期性的螺旋式发展过程，这一次次蜕变和发展使得师生关系更加融洽，课堂教学更具活力与创造力。和谐课堂教学强调内外部教学因素的统一发展，外因是事物发展的重要条件，内因是事物发展的根本原因，我们应创造和谐的课堂教学环境促进学生的和谐发展，但更应该注重学生的主体性、自主性和主动性，强调学生将教育影响不断内化为自己的思想、能力和素质。另外，课堂教学是由若干相互联系的教学要素所组成的有机整体，但整体不是部分的简单相加，整体是各个部分有机的结合，当各部分以有序、合理、优化的结构形成整体时，整体功能大于各部分功能之和。因此，我们要合理地协调各种教学要素，使其达到融合与统一，整个教学过程处于一种动态的多样化的平衡状态，课堂教学达到最优化，发挥其整体功能，产生最佳的教学效果。

二、心理学基础

和谐课堂教学的构建与心理科学（包括普通心理学、发展心理学、教育心理学、社会心理学等）有密切联系。只有以心理学为重要的理论基础，和谐课堂教学的构建才会有扎实的基础。在课堂教学中，教师和学生的心理研究是构建和谐课堂教学的重要基础。要研究教师"教"的和谐，教师的思维特点、个性倾向、能力品质等都离不开心理学。要研究学生"学"的和谐，学生的身心发展、认知结构、元认知水平、非智力因素等也离不开心理学。心理学知识告诉我们，动机是行为的内在动力，它决定着行为的发生和方向。如果机体的行为没有动机的驱使，这种机体就是被动的，不会主动习得，外界的强化也就不会对机体产生良好的刺激效果。美国心理学家布鲁纳指出：最好的学习动机是学生对所学知识本身的兴趣。因此，教师应注意教学内容、教学手段、学生的实际情况之间的和谐，根据教学内容以及学生的认知特点，选择多种多样适宜的教学手段，激发学生的学习兴趣，使学生能够保持良好的学习动机。另外，教师应针对每个人的不同情况来制订预期目标，遵循心理学中的"最近发展区"原理，要让学生跳一跳摘到桃子，从而激励其努力达到最终目标，并能够从成就感的满足中得到快乐，继续努力使这种快乐持续。此外，和谐课堂心理环境的构建更与心理学理论息息相关。课堂心理环境是指课堂教学中影响师生心理互动的环境，如班风学风、师生关系、同学关系、课堂气氛等。心理学研究表明，课堂心理环境不仅对课堂教学活动产生影响，也对学生认知、情感、行为产生一定影响，更对学生的身心健康发展有着明显的影响。课堂心理环境融洽还是冷漠，活跃还是沉闷，将对整个课堂教学产生积极或消极的影响。和谐、愉悦的课堂心理氛围有助于学生积极参与课堂活动，而紧张、冷漠的课堂心理气氛会大大抑制学生学习的热情。因此，我们要营造和谐的心理氛围，使学生与教师、学生与学生、师生与环境产生愉悦的"心理磁场"，从而达到课堂教学效果的优化。

三、多元智能理论

多元智能理论是美国哈佛大学教授、著名心理学家霍华德·加德纳（Howard Gardner）于 1983 年实施研究课题《零点项目》时，在其著作《心智的结构》中系统提出，并不断地完善的理论。该理论引起全世界教育家的关注，成为 20 世纪 90 年代以来许多西方国家教育改革的指导思想之一。多元智能理论倡导学生主动参与、探究发现、交流合作地学习，引起教育教学观念的变革，为实施个性化教学创造了条件，对当前我国的素质教育和基础教育课程改革具有现实的指导意义，也为和谐课堂教学的构建提供了理论依据。

加德纳把智能定义为："一种处理信息的生理心理潜能，这种潜能会在某种文化情境下被激发，去解决问题或创造该文化所珍视的产品。"加德纳认为人的智能是多元的，大体可以分为九种：言语—语言智能、逻辑—数理智能、视觉—空间智能、音乐—节奏智能、身体—运动智能、人际交往智能、自我反省智能、自然观察智能、存在智能。多元智能理论强调智能的多元性、独特性与发展性，认为每个人都具备以上九种智能，只是某些智能的发达程度和组合的情况不同，使得每个人的智能各具特色，都有自己的智能强项和弱项。每个个体的这九种智能都是可以培养和发展的，在适当的环境和教育的作用下，每个人都可以将其中几种智能发展到较高的水平。多元智能理论的实质就是培养学生的综合素质，与素质教育有着异曲同工。"德、智、体、美、劳"的全面发展是从教育目的和内容的角度向学生提出相应要求，而多元智能理论则展开了"智"的全面性，是属于个体素质的全面发展观。多元智能理论倡导的乐观的学生观（教师眼中没有差生）、对症下药（因材施教）的教学观、多元的评价观对和谐课堂教学的构建有很大的启示，为教师如何正确看待学生、引导学生及评价学生指明了方向。每个学生都有自己的智能强项，有自己的学习风格，学校不存在差生，人人都有成功的可能，教师应尊重学生的个性和差异，树立"教育的起点不在于学生有多么聪明，而在于在哪方面聪明，怎样使他变得聪明"的教学观念，使因材施教真正得到落实。课堂教学要倡导合作学习与独立思考和谐统一，不仅可以发展学生的人际交往智能和自我反省智能，还可以使学生之间的智能强项与智能弱项得到互补。教师应注意教学方法、教学手段、教学对象和教学内容之间的和谐，即根据教学内容以及学生智能结构、学习兴趣和学习方式的不同特点，选择和创设多种多样适宜的、能够促进每个学生全面发展的教学方法和手段。课堂教学要为学生的"多元智能而教"，发现其智能强项和发展其智能弱项，即全面开发每个学生存在的各种智能。提倡"通过多元智能来教"，同一内容可通过"多元切入点学习"。学校应尝试建立多功能的"智能化教室"、优化教学的媒体环境，在全面开发每个学生的各种智能的基础上，为学生创造多种多样的展现智能的情景，激发每个人潜在的智能，充分发展每个人的个性，促进学生的全面发展和个性发展的和谐统一。

四、建构主义学习理论

建构主义学习理论是当代比较有影响力的一种认知主义学习理论，最早由瑞士心理学家皮亚杰（J.Piaget）提出，以后又经多位科学家、心理学家的深入研究而逐渐形成的理论。它在知识观、学生观、教学观等方面都有自己独到的见解，对我国实施基础教育课程改革、全面推进素质教育都具有积极意义，当然它也是和谐课堂教学的构建的理论依据之一。

建构主义学习理论认为知识是学习者在一定的情境下，借助他人（包括教师和学习伙伴）的帮助，利用必要的学习资料，通过人与人之间的协作、交流等活动，依据已有的知识和经验主动地加以意义建构而获得，情境、协作、会话和意义建构是学习环境中的四大要素。学习不是由教师把知识简单地传递给学生，而是要求学生以自己原有的知识经验为基础，对外部信息进行主动地选择、加工和处理，建构自己的理解的过程。建构主义学习理论还强调学生不是被动的信息吸收者和被灌输对象，而是信息加工的主体和意义的主动建构者，教师是学生意义建构过程中的帮助者和促进者，而不是知识的传授者和灌输者。建构性学习是最符合学习本质的学习，是最能促进人的整体、可持续发展的学习观点，它不是一种具体的学习方法，而是人类认识和探索世界的方式，这一理论不仅符合新课程的理念，而且还为和谐课堂教学的构建提供了理论依据。在课堂教学中，教师应该改变以往"一言堂"灌输的教学方式，依据建构主义学习理论，做学生意义建构过程中的帮助者和促进者，努力为学生营造良好的学习情境，尊重学生的选择及思维方式，为学生提供学习导向，让学生通过各种信息资源（如：文字材料、书籍、音像资料、多媒体课件以及网络上的信息等）进行有意义学习、探究学习，尽可能组织独立思考基础上的合作学习，并对合作学习过程进行引导，师生之间、生生之间展开双向交流与多向交流活动，推动和促进学生原有的知识和经验与新的认识对象相互作用、相互影响，从而促使学生有效地实现对当前所学知识的意义构建，将新知识纳入自己原有的知识体系中。这样不仅可以锻炼和提高学生的分析问题和解决问题的能力，培养其创新能力，而且还有利于课堂教学中人际关系（师生关系、生生关系）的和谐、学习资源的和谐、多种学习方式的和谐等，从而使整个课堂教学和谐化。

五、马斯洛的需要层次理论

需要层次理论是美国著名的人本主义心理学家马斯洛提出，马斯洛将人的需要分为三大类，即意动需要、认知需要和审美需要。又把意动需要分为五种不同层次，即生理需要、安全需要、爱与归属的需要、尊重的需要以及自我实现的需要，前四种需要被称作是基本需要。这五种需要的次序是由低到高逐级上升，处于一步一步地连续发展变化中，当低层次需要得到满足之后，就会上升到较高层次的需要。同一时期内往往存在几种需要，但每一个时期总有一种需要占主导地位，人们最迫切的需要是激励其行为的原因和动力。这五种需要不可能完全满足，愈上层满足的百分比愈小。低层次需要满足后，不再是一种激励力量，高层次需要满足，会增强激励的力量。

马斯洛的需要层次理论在教学上具有重要的意义，同时也为和谐课堂教学的构建提供了相应的理论依据。人的需要是行为的根本动力，内部发展需求是和谐课堂教学构建的内在机制。首先就生理层次的需要而言，教师必须顾及学生的饮食和睡眠的需要。上课时间过久易导致疲劳、困累或饥饿等问题，以致影响课堂教学成效；就安全需要而言，教师应构建和谐的课堂教学物理环境，要注意安全，避免课堂处在噪声、空气等严重污染的包围之中，还要帮助学生克服学习中产生的恐惧、过度焦虑和急躁不安的心理；就归属与爱的需要而言，教师必须建立一个和谐、温暖、亲密的班级集体，倡导合作式学习，满足学生的交往需要；在自尊的需要方面，教师必须建立民主、平等、互尊的师生关系，尊重学生，体现学生的主体性。另外，教师要通过鼓励性评价，通过赏识、肯定学生来调动学生的内驱力，重塑学生的自信心，激励学生更加乐于学习；人的最高的需要是自我实现的需要，马斯洛认为在人自我实现的创造性过程中，产生出一种所谓的"高峰体验"的情感，这个时候是人处于最激荡人心的时刻，是人的存在的最高、最完美、最和谐的状态。学习要有属于自我实现的需要层次，动机源于需要，需要的层次越高，个性活动的自觉性和积极性也就越高。教师在满足学生现有的合理需要的同时要培养学生更高层次的需要，追求动态平衡，帮助学生不断拥有较高的学习需要的自觉性，使学生的内在潜质能够得到最大限度的发挥，使学生得到全面、和谐、充分的发展。此外，依据马斯洛的需要层次理论，审美需要是人生的高层次需求。当前，在素质教育的大背景下，"五育并重"的观点已经在教育界达成了广泛的共识。和谐课堂教学的构建要求教师在教学过程中要渗透美育，要充分挖掘教学内容的美的因素，把知识理论用艺术性的手段呈现给学生，让学生受到美的熏陶、启迪和感染，在潜移默化中塑造学生的灵魂。

六、和谐教育理论

和谐教育思想在中西方都源远流长，在西方，和谐教育思想最早产生于古希腊。古希腊"三杰"即苏格拉底、柏拉图、亚里士多德，在他们的教育思想中都提到了和谐发展的观点。苏格拉底提出了"美德即知识"的命题；柏拉图强调早期教育，注重学习读、写、算、骑马、射箭等知识和技能，要求12岁到16岁的少年要分别去弦琴学校和体操学校学习；亚里士多德把人的灵魂分为植物的、动物的和理性的三部分。与之相对应，提出了体、德、智三方面的教育，此外，他还注重音乐教育。近代教育之父夸美纽斯在其著作《大教学论》中写道："事实上，人不过是身心两方面的一种和谐而已。"德国著名的自然主义教育思想家第斯多惠，在《德国教师培养指南》一书中提出和谐教育思想，第斯多惠认为每一个人都应当追求内在自我的和谐培养，在和谐培养的原理指导下，每个人都会充分地发挥自己的特长，发展成为一个完美的人。苏联的教育家苏霍姆林斯基是和谐教育思想的集大成者，他从事教学理论与实践研究三十多年，提出个性全面和谐发展教育思想。他认为，为了培养全面和谐发展的人，必须在整个教育过程中实施和谐的教育，即把人对客观世界的认识和个人的自我表现结合起来，使二者能够达到一种平衡。就我国而言，和谐教育思想可以追溯到春秋时期的孔子。孔子提出"礼之用，和为贵"的和谐教育主张，强调把知、仁、勇三者统一起来，实质上就是智育（知）、德育（仁）、体育（勇）的统一。近代蔡元培的五育（国民教育、实利主义教育、公民道德教育、世界观教育和美感教育）并举、陶行知的手脑结合等主张，都寓有和谐发展的教育思想。此外，全面发展教育是马克思主义教育思想的重要组成部分，马克思主义认为人的全面发展最根本的是指人的劳动能力即体力和智力的充分的自由的发展，体现了和谐教育的思想。可见，中西方和谐教育思想都主张在德育、智育、体育、美育和劳动教育全面发展的基础上寻求学生内在个性的协调发展。

　　当前的和谐教育是在汲取以往和谐教育思想精华的基础上，依据马克思主义关于人的全面发展学说和现代系统科学的基本原理而提出，即从促进社会全面协调可持续发展和全体社会成员身心全面发展的统一实现出发，调控全社会和教育场中各要素的关系，使全社会教育的节奏均符合社会成员发展的规律，使全体社会成员的基本素质获得全面充分发展的教育。和谐教育与激励教育、创新教育、愉快教育一样，都是实现素质教育培养目标的教育模式。和谐教育以学校教育教学的主要形式即课堂教学为中心，调控课堂教学中的各种要素（如：教学的目标、内容、方法、手段等）之间的关系，使之达到协调、配合与多样性的统一，使教学的节奏符合学生发展的节奏，"教"与"学"产生谐振效应，从而提高课堂教学质量，减轻学生负担，使学生得到全面、和谐、充分的发展。和谐教育理论直接并深刻影响着和谐课堂教学观念，为实现和谐课堂教学奠定了一定的思想基础和理论依据。

第二节　和谐课堂教学的创设原则

一、以人为本原则

　　"以生为本"是以人为本在和谐课堂教学中的具体体现。以生为本主要包含两方面的意思：第一，教师要认真钻研教材，精心备课，在组织课堂内容时必须考虑到所讲授的内容是否符合学生的实际情况，是否有利于学生对知识的理解和吸收。第二，课堂中的一切活动都应当坚持以学生的全面和谐发展为本，始终把学生放在第一位，以学生为出发点，以学生为动力，以学生为目的，立足于学生潜能的开发、素质的提高和能力的发展。建立民主、平等、尊重的课堂教学人际关系，尊重学生的权利、人格和个性需要，关心、理解和信任每一位学生。在开展课堂教学活动中，要充分发挥学生的主体性，给一切学生提供一切机会，尽可能地让每一位学生都积极参与教学活动，实现师生、生生互动，共同发展。只有坚持以人为本才能体现教育对人生命主体的价值和人的主体地位的科学认识，意味着课堂应把人的世界和人的关系还给人自己。

二、整体性原则

课堂教学可以看作由教师、学生、教学内容、教学方法、教学手段等若干相互联系的教学要素构成的一个系统。整体与部分相互依赖，没有部分就不会有整体，没有整体也无所谓部分。但整体并不是部分的简单相加，整体是各个部分有机的结合，整体具有部分所没有的新功能。当各部分以有序、合理、优化的结构形成整体时，整体功能大于各个部分功能之和。一根筷子的韧性较小，容易被折断，而一大把筷子的韧性就大得多，不易被折断。俗话说："三个臭皮匠，赛过诸葛亮。""一花独放不是春，万紫千红春满园。"反之，当各个部分以无序、不合理的结构形成整体时，各部分原有的性能得不到发挥，其力量被削弱，甚至相互抵消，从而使整体功能小于各部分功能之和。因此，我们在构建和谐课堂教学时要遵循整体性原则，使课堂教学各要素之间相互配合适当。处于一种协调、统一的状态，即和谐的状态，让课堂教学的整体功能得到最大限度发挥。

整体性原则体现在两方面，即面向全体学生的发展和学生个体素质的全面发展。一是面向全体学生的发展。课堂教学要克服过去"尖子"教学与"英才"教学的片面性和单一性做法的影响，教师要关注每一位学生。保证不同层次的学生都能受到很好的教育，都能有机会去参与课堂教学的各项活动，使他们各自在不同程度上有所提高和发展。教师特别要对学习困难学生给予切实的帮助和指导，逐步转化学习困难学生，让他们在自己原有基础上都有所进步。

二是学生个体素质的全面发展。我们必须把人当作一个理智与情感的整体去研究，必须用整体分析法来研究人，才能产生更有效的结果。人是完整的人，都具有自然属性和社会属性，都是具有德、智、体等基本素质的有机体。课堂教学应该克服只重视知识教育而忽视能力培养和品德教育的做法，要关心学生的身心、情感、认识等各个方面，使知识、能力、品德教育一体化，学生德、智、体、美、劳等各方面得到整体发展。这里需要特别指出，强调学生的整体发展但并非是忽视学生的个性发展。全面发展不等于平均发展，平均发展最终只会抹杀个性。个性发展是指个体在性格、能力、兴趣、价值观念等方面形成的稳定的心理特征。个性发展和全面发展并不矛盾，两者是对立统一的关系。全面发展是个性发展的基础，个性发展是全面发展的核心。我们要培养创新人才，必须在促进受教育者全面发展的基础上来提倡他们的个性发展。

三、发展性原则

构建和谐课堂教学要坚持发展性原则，就是要以促进教师和学生的共同发展为原则。和谐的课堂教学应包括学生自身的和谐发展和教师自身的和谐发展。而教师的发展是学生发展的基础，是学校可持续发展的不竭资源。如果教师发展不能顺应时代要求，就不可能造就学生素质的逐步提高。学生的发展是教师教育教学的立足点，是课堂教学的最终目标。只有教师和学生的共同进步，共同发展，才是双赢，才能真正促进课堂教学的发展，促进学校的发展。

课堂教学所具有的特定条件、结构及课堂教学活动尤其是学生活动的状态，决定了课堂教学对学生的素质形成具有发展价值。活动是人的发展得以实现的现实性因素和决定性因素，也是人的素质发展的基本机制。课堂教学为学生认知素质的发展提供了最为重要的资源和途径，为学生认知以外的素质（兴趣、情感、态度、品德等）发展奠定了认知上的基础。教师应关心和爱护每一个学生，促进每一个学生发展，要注重发展的全体性、全面性、主动性、差异性和持续性。和谐课堂教学的构建以多元智能理论为理论依据，特别注重学生多元智能的发展、学生能力发展的多元化。和谐课堂教学所倡导的探究学习和合作学习改变学生原先单一知识的接受性学习，为学生创设开放的学习环境，为学生的发展提供了广阔的空间。探究学习有利于培养和发展学生收集信息、处理信息、分析信息的多元能力，以及动手操作能力、发散思维能力、创新能力。通过师生合作、生生合作可以发展学生协作能力和交往能力，并在合作交往中丰富自身的情感与多元化体验。而这些方面能力的培养和发展既体现了新课程改革的宗旨，也是构建和谐课堂教学的目的所在。所谓"学高为师，身正为范"，教师不仅是知识的传播者，人格的影响者，也是道德的示范者，教师的一言一行都会对学生的世界观、人生观、价值观产生重要而持久的影响。因此，在促进学生发展的同时，教师也应该不断地提升自身的素养和专业水平。教师要转变教育理念，树立"以学生发展为本"的教育理念。教师要与学生真诚相待，建立和谐的师生关系。要有一定的教学机智和教学幽默感，能从容面对意外情况。此外，教师必须不断发展与人合作的意识与能力，教师之间、师生之间要相互合作、互相学习，取长补短。教师还必须不断发展课程开发的意识与能力，随着新课程的实施，教师要充分地认识到自身是"用教科书教"，是课程的开发者和建设者，而不是"教教科书"，也不是课程的消费者和执行者。教师要善于根据学生的心理特点、兴趣爱好与教学内容，开展探究活动课的教学。

四、革新性原则

课堂教学是教师和学生真实生命历程的重要舞台，是学校教育教学的主要形式，是实施素质教育的主阵地。教育要改革，就应该从课堂教学开始迈步，如果我们的课堂教学不改变，仍然"穿新鞋，走老路""换汤不换药"，那新课程改革的目标就依然难以实现。因此，可以说课堂教学是教育改革的切入点，是新课程实施的核心环节。和谐课堂教学的构建要坚持革新性原则，改革本身就意味着创新，课堂教学要跟随新课程改革的步伐，随之进行相应的改革。创新是一个民族的灵魂，是国家兴旺发达的不竭动力，当然也是和谐课堂教学发展的源泉。

创新既包括事物发展的过程又包括事物发展的结果，包括新的发现发明、新的思想和理念、新的学说与技术以及新的方法等一切新事物。创新教育是指根据创新原理，以培养学生具有一定的创新意识、创新思维、创新能力以及创新的个性为主要目标的教育理论和方法，使学生在牢固、系统地掌握学科知识的同时也发展他们的创新能力。创新教育是当前全国学校教育改革的主旋律，是实施素质教育的关键。创新教育首先应该从课堂开始，创新教育需要课堂教学的创新，在课堂教学中，教师要大胆开展创新教育，以培养学生创新意识、创新能力和创新能力为己任，转变教育思想，更新教学观念，努力改进教学方法与手段，注意对创新教育经验的运用吸收，让课堂教学真正成为培养创新人才的摇篮。但是，传统教育体制在学生创新能力培养的许多方面都不尽完善，严重地影响了学生创新才能的发展。为满足创新人才的需求，应从教育观念、培养目标、教学内容、教育方法与手段以及管理体制等若干要素着手，加大教育创新力度，以教育创新促进创新教育。教师要改变教学理念，树立新的知识观、学生观、人才观和教学观，这是课堂教学改革与创新的思想基础；教师要不断提高自身素质，具备较强的创新意识和较强的创新能力，角色由单一向多元转变，这是实现课堂教学改革与创新的前提条件；课堂教学要以教师"教为中心"变为学生"学为中心"，倡导自主、合作、探究的学习方式，学生学习方式和教师教学方式的改变是实现课堂教学改革与创新的关键所在；建立科学的教学评价机制是实现课堂教学改革与创新的基本保障。

五、互动性原则

传统课堂教学过分注重学科知识，忽视了学生的存在。教师把教学看成是单向的传道、授业、解惑，却忽略了学生的兴趣、需要；过分强调教师传授过程，学生成为被动的知识接收者，很少有机会参与到课堂教学活动中；过分关注学习的结果，忽视了学习的过程。学校过分关注分数和升学率，导致学生死记硬背，缺少自主探究、合作学习、独立获取知识的机会，这对发展学生的创造性思维和培养学生解决问题的能力无任何益处。由此可见，传统课堂教学并不是和谐的课堂教学，学生身心也得不到和谐发展。社会是人们交互作用的产物，一个人的发展取决于和他直接或间接进行交往的其他一切人的发展。和谐课堂教学应是师生互动、生生互动、心灵对话的舞台，应是师生共同创造奇迹、唤醒各自沉睡潜能的活动。因此，我们要遵循互动性原则来构建和谐课堂教学，实现师生、生生互动，共同发展。

互动是指充分利用和学习有关又能相互作用的教学因素，促使学生可以主动地学习与发展，进而使课堂教学达到高质高效的教学效果。互动对课堂教学而言，意味着对话、参与和相互建构。课堂教学互动包括人与人（师生、生生）互动、人与机（计算机等课堂多媒体辅助教学工具）互动、人与文本互动、人与环境（课堂）互动等多种全方位互动。课堂情境符合学生的求知欲和心理发展特点，师生之间、同学之间关系正常和谐，学生产生了满意、愉快、羡慕、互谅、互助等积极的态度和体验，这些积极的课堂心理气氛是课堂教学互动的基本条件。积极的课堂心理气氛的形成，还是要靠教师的精心组织和主动创造。教师是积极课堂心理气氛的创造者和维护者。教师有威性，能以自己的积极情感感染学生，建立良好的班级人际关系，使学生在课堂学习中始终保持良好的心理状态，并能有效地进行课堂教学调控。合作学习是课堂教学互动的基本理念，通过小组合作、小组间的互练互评、成果展示、教师参与学生的活动、师生民主对话等形式，使有效互动成为课堂的主旋律。师生、生生之间的交流互动可以起到相互学习、彼此互补、共同发展的作用。这样不仅有利于开阔视野，而且增加了了解他人的机会，更重要的在互动中加强情感上的沟通与交融，有利于形成友爱、和谐、互助的集体。

第三节　和谐课堂教学的创设策略

和谐课堂教学的构建是一个长期而艰巨的过程，在这里，笔者提出以下可供参考的五个方面的要求，从观念到行动，逐步地去构建和谐课堂教学。

一、建立和谐的课堂人际关系

课堂人际关系是指课堂里人与人之间在情感与信息交流过程中所形成的比较稳定的心理关系。主要有两种类型：一种是垂直的人际关系，即师生关系，另一种是水平的人际关系，即同学关系。和谐的课堂人际关系是孕育学生身心和谐发展的沃土，而矛盾和冲突的课堂人际关系则会让教师和学生感到忧虑和苦恼，甚至会影响自身身心健康。因此，要想培养身心和谐发展的人，我们必须建立和谐的课堂人际关系。

（一）建立和谐的师生关系

和谐的师生关系是促进学生健康情感和良好社会性发展的基础，是保证教育教学活动顺利完成的前提，是素质教育得以实现的关键。和谐的师生关系是一种长久不衰，最富生命力的教育力量。它有利于创设民主、和谐、轻松的课堂教学氛围，师生之间相互尊重、相互信任，教师能心情舒畅地教，学生能轻松快乐地学；有利于师生间的交流与合作，师生坦诚相待，相互体谅与包容，彼此散开心雇，知识和情感上都能达到很好的交流，学习上也可以成为很好的合作伙伴；有利于学生培养自尊和尊重他人、诚实、善良等优秀品质。和谐的师生关系要求教师要有高尚的品德修养，良好的举止规范，这些都会潜移默化地影响着学生，促进学生良好品质的形成。

在课堂教学中，怎样建立和谐的师生关系呢？首先，教师要转换角色树立民主平等的师生观。教师要从知识的灌输者转换为学习的引导者，从课堂的主宰者转换为平等的交流者，从单向的传授者转换为互动的合作者，从呆板的经验者转换为教学的创新者。其次，学生要转变观念，树立民主平等的师生观。学生要转变教师是绝对权威的观念，要求教师尊重、信任和关心学生，能够公正地对待全班学生，绝不容忍教师对学生的讽刺、挖苦与不负责任。教师要让课堂成为一个温暖的家，每一个学生都能得到理解和尊重、宽容和关怀。要让课堂成为师生平等对话的平台，学生知无不言，言无不尽。最后，教师要提高教学机智，师生作为课堂教学的主角，两者之间往往不可避免地存在着一些矛盾。这就要求教师要有较高的教学机智，表现出一种敏锐、迅速、准确的判断能力，能及时对待和处理矛盾，主动协调人际关系。此外，教师要学会与学生合作。师生之间的合作一方面体现了师生关系的民主平等，学生和教师都是教育教学活动中的参与者，学生不是被动接受知识的"容器"。另一方面，师生之间的合作关系也是培养学生的人际协作精神、创造能力和实现师生教学相长的要求。在与学生合作时，教师最重要的是要信任学生，相信学生一定会成功。要营造民主的气氛，让所有的人都能够畅所欲言，表达自己的心声，并无条件地、全身心地倾听对方的意见和感受。要进行沟通，真正理解双方的立场和看法，在合作中形成共识和行动方案。

（二）建立和谐的同学关系

谈起构建和谐的课堂人际关系，大多数人往往都关注和谐师生关系的构建，而和谐同学关系的所提到的建立受到重视的程度不够。我们知道，在学生的成长过程中有各种影响因素，同龄人的影响极其重要。同学关系的质量对学生的学业成绩和身心健康产生深远的影响，融洽、和谐的同学关系对学生的学习和成长具有巨大的促进作用，是学生形成社交能力与情感的关键因素。反之，相互疏远和对立的同学关系只会成为强大的制约力，严重地阻碍了学习的学业和身心健康。因此，和谐课堂教学必须建立和谐的同学关系。

在课堂教学中，可以从以下三个方面来建立和谐的同学关系。第一，教师要帮助学生克服自卑或自高自大的心理。有的学生由于家庭背景不好或学习成绩较差，从而产生一种自卑心理，很少与人交往，退缩在群体之外。这类学生常常感到不安与烦躁，容易与他人对立，甚至产生敌意和对抗。而有的学生占着自己家庭背景好或学习成绩优异等方面的优势，自高自大，视那些某方面不如自己的同学，将他们排斥在自己的交际圈之外。这些对学生心理的健康发展和交往能力的培养都是极为不利的。教师应该密切地关注学生之间的交往情况，帮助自卑的学生树立信心，多为学生创设自我表现的机会，让其发现各自的闪光点，学会虚心学习对方的优点，从而协调同学关系。第二，提倡合作学习和良性竞争。合作即双赢，同学之间通过交流与合作，能够取长补短，共同发展。在合作学习中，学生要尊重彼此的学习方式、彼此互相认同，既要充分发表自己的意见，也要耐心听取别人的意见，生生直接团结互助，并以此营造良好的学习氛围，形成和谐的人际关系。在课堂教学中，教师既要让学生学会与其他同学合作，又要鼓励学生之间良性竞争。有竞争才有动力，有竞争才会前进。课堂里的良性竞争能增强学习的兴趣、提高成就动机和抱负水平、提高学习效率，使同学关系更融洽、更和谐。第三，倡导学生互评，并为学生互评创造机会。学生互相评价作为课堂教学评价的一种有益的补充，是生生交往的重要表现之一。教师要借助小组合作活动的形式，组织学生进行互相评价，亦可以制订相应的评价表格规范学生互评的方法，让学生通过互相评价，增进彼此的了解，协调同学关系。

二、创设和谐的课堂教学环境

记得法国一位著名的教育家曾说过："只有环境和教育，才能把牛顿变成科学家，把荷马变成诗人，把拉斐尔变成画家。"人生活在一定的环境中，一方面既受环境的影响，另一方面又要善于适应环境，同时还要努力控制和改造环境，使之为自己服务。课堂教学活动也是如此，只有了解、适应、改造课堂教学环境，使课堂教学环境为教学工作服务，教学才能取得理想的效果，学生能更自由、健康、和谐的发展。课堂教学是教育情景中的人（教师与学生）与环境（教室及其中的设施、师生间的心理环境）互动而构成的基本系统。因此，和谐的课堂教学环境包括和谐的课堂教学物理环境和心理环境。

（一）创设和谐的课堂教学物理环境

良好的物质环境是进行教学的物质基础和基本保证，和谐的课堂教学物理环境，有助于良好课堂秩序的维系，有助于和谐的心理环境的形成，有助于教和学的协同共进。和谐的课堂教学环境首先需要建立良好的学校环境。良好的学校环境，又常选在风景秀丽，交通便利，远离噪声和空气污染的地方。教室作为学生接受教育的主要场所，直接影响着课堂教学各种活动。教室环境的布置和整洁程度不仅会对学生的心灵，身心健康产生直接的影响，而且会对学生学习的态度与行为产生显著作用，进而影响课堂教学效率和质量。因此，我们要以和谐为原则，对教室布局进行合理地规划与设计。教室的四面墙最好是白色、淡蓝色或淡绿色，使教室整体显得素净淡雅，令师生心境开阔。教室两侧的墙壁上可以挂名人画像、格言警句、奖状锦旗、地图表格等，显示出教育性、艺术性和思想性，给师生以美感和启迪。教室要保证良好的通风，整齐的桌椅，漂亮的窗帘，明亮的灯光，创造一种协调气氛，使人产生一种愉快的心情，从而提高学习效率，实现环境育人的功能。和谐课堂教学要求师生互动，因此，教师应根据教学的需要和学生特点，利用不同座位排列方式的长处，灵活调整组合座位，利于师生互动，信息的多向交流。创设和谐的课堂教学物质环境还需要加大教育投入，改善办学条件，为教学提供充足、完善的教学设备，如电视、幻灯、录音设备、多媒体等，教师要适时、适度地熟练地使用这些教学设备，提高学生的学习兴趣，提高学习效率。

（二）创设和谐的课堂教学心理环境

课堂教学心理环境是指在课堂教学活动中，影响学生认知效率的师生心理互动环境。它虽然不直接参与教学活动，但却在很大程度上制约着课堂教学效果。它既可使课堂成为每个学生一心向往的殿堂，也可使课堂成为学生唯恐避之不及的地方。它还直接影响着教师水平的发挥和教学的效果，不论采取什么教学方法和课堂教学模式，都要以和谐的课堂教学心理环境做前提和保障。可见，创设和谐的课堂教学心理环境是构建和谐课堂教学的关键。

和谐的课堂教学心理环境是由各种因素共同构建的"心理场"，教师良好的心理素质是创设和谐课堂教学心理环境的首要条件，一个塑造学生健康心灵的教师，首先自身要心理健康。在进行课堂教学时要有愉快的心情，稳定的情绪。要善于调控自己的情绪，避免把不良的情绪带到教学过程中去。要有一定的教学机智，能恰当、迅速、果断地处理课堂上发生的突发情况。审视当前我国的课堂教学，我们会发现，教师仍然处于主动地位，大搞"一言堂"，"满堂灌"，教师被看作是无所不能的权威，可以包办一切，还有的教师甚至对学生任意地体罚、悔辱。试想：在这种压抑、恐惧、紧张的心理状态下，学生的个性能得到彰显吗？创造力能得到发挥吗？身心能得到和谐发展吗？大量事实证明：积极良好、和谐愉快的心理环境能使学生的大脑皮层兴奋这种情况下学生往往思路开阔、思维敏捷、想象力丰富，从而提高学习效率。因此，教师要创设宽松、民主、和谐的课堂教学心理氛围，要尽可能习惯"一个课堂，多种声音"，尊重学生的人格和学习方式，平等地对待每一位学生，要善用激励性的言语，对学生缺点错误宽容，以发展的眼光看待每一位学生，要让学生知无不言，能充分自由地彰显个性。此外，和谐课堂教学心理氛围的构建也必须考虑教学内容的选择，教学内容必须充分关注学生的需要和身心发展特征，要有创新性，激发学生的学习热情和兴趣，让学生养成良好的学习心态。

（三）协调课堂内外环境的关系

课堂教学是学校教育的主要形式，是学生获得身心发展的主要场所。但在培育人的过程中，除课堂教学之外，家庭教育、校内社团活动、社会实践与交往等这些课堂外部环境对课堂教学质量也都有直接或间接的影响。它们与课堂教学有着密切的联系，会以各种途径、各种方式对课堂教学的实施产生不同程度的影响。如果这些课外环境与课堂教学是一致的，就会有助于课堂教学的开展。相反，如果课堂内环境与课外环境不一致或相冲突，无疑就不利于和谐课堂教学的构建。因此，我们要使学生得到全面和谐充分地发展，就必须处理好课堂内环境与课外环境的关系，要充分协调和利用学校、家庭、社会中的有利因素，充分发挥其教育功能，使课堂内环境和课堂外环境和谐统一，汇聚合力共同对学生进行教育。

三、建立和谐的"教"与"学"关系

课堂教学过程是教师与学生为完成教学任务而进行的交往互动过程，教师的"教"与学生的"学"是课堂教学最基本的两个要素，"教"与"学"的和谐是和谐课堂教学的基础与核心。然而，审视当今的课堂教学，我们发现因教与学之间的不和谐问题会产生教与学分离、冲突的现象，从其表现形式上，可以分为两类：有教无学和有学无教。有教无学是指在课堂教学中，教师在台上讲课，学生在台下窃窃私语，对教师的教全然不顾，教学活动被分解为只有教而无学的状态。有学无教是指在课堂教学中，教师在台上教，学生在台下不按教师的学，主动弃学，按自己的意愿有选择进行学习，如看别的书或做别的作业等，从而形成了"有学而没有教"的状态。形成"有教无学"和"有学无教"现象的原因很复杂，既有教师方面的原因，也有学生方面的原因。如：教师的教学观念陈腐和化、新课程改革背景下教师角色的冲突、教师的综合素质和专业化水平不高、教师与学生之间缺乏理解与沟通、教师使用的教学方法与教学手段不当、教学内容与学生兴趣不符、学生的自我意识不断增强、学生学习情绪和学习动机低迷等。课堂教学中，"有教无学"和"有学无教"现象使"教"

与"学"不能产生谐振效应，教学的节奏不符合学生发展的节奏，课堂教学质量得不到提高，学生也得不到全面、和谐、充分的发展。因此，笔者就如何建立和谐的教与学关系提出了下列几点建议：

（一）正确处理"教"与"学"的辩证关系

"教"与"学"是矛盾的两个方面，既对立又统一，通过矛盾运动，推动着教学活动的开展。在课堂教学中，"教"与"学"既相互依存、相互制约，又相互渗透、相互包含、相互转化。学受教的启发，教受学的制约。教是学的前提和依据，学是教的结果和目的。教师的"教"是外因，学生的"学"是内因，外因只有通过内因才能起作用。正确处理好教师的主导作用与学生的主体地位之间的关系，是实现"教"与"学"关系和谐的关键。在教学活动中，学生是"学"的主体，学生的主动性、积极性、创造性是学习的内因，激发学生学习热情，调动学生学习兴趣，鼓励学生主动参与是课堂教学环节中至关重要的问题。教师是"教"的主体，发挥着主导作用，按照教育教学规律组织教学活动，对学生进行引导和启迪，促进学生在知识与技能、情感、态度与价值观等方面的发展。总之，教师的"教"是为了促进学生的"学"。在课堂教学中，教师的主导作用与学生的主体地位是不可分割的有机统一体，正确发挥教师的主导作用是充分调动学生学习主动性、积极性的前提，而充分发挥学生的主体性，又是充分发挥教师主导作用的重要标志。和谐课堂教学要求坚持"以学习为本"，就是要确立学生的主体地位。教师是学生学习的组织者、引导者和合作者，学生的"学"离不开教师的"教"，学生的主体地位是在教师引导下逐步被确立起来的。教师主导作用的出发点必须是"学"，课堂教学所追求的结果也一定由"学"体现出来。因此，教师的主导作用必须从发挥学生的主体作用出发，只有这样，教师的主导作用与学生的主体地位才能统一起来，才能学生的主动性、积极性调动起来。

（二）实现"教"与"学"诸方面的统一

"教"与"学"包括的方面很多，笔者仅就以下方面粗略地谈些自己的看法。第一，"教"与"学"的目标要统一。目标一般是指人们从事某项活动所要达到的预期结果。目标可以激发学习者的学习兴趣，端正行为动机及要求学习者要达到的目的或结果。教学目标就是指教学活动的预期结果所要达到的标准。教学目标是教学活动的出发点和最终归宿，对教学活动有指导作用、激励作用和标准作用。在课堂教学中，教师要把自己的教学目标与学生的学习目标统一起来，使师生产生共同的心理追求，相互激励和学习，为了一个共同的目标而努力奋斗。新课程标准提出了三维目标教学，即知识和技能，过程和方法，情感、态度和价值观。教师要把这一教学目标努力转化为学生的学习目标，让学生能够了解三维目标含义和意义，这样有利于学生的自我激励、自我调控和自我检验，有利于教学目的的实现。第二，"教"与"学"的思维要统一。在课堂教学中，如果教师和学生的思维活动趋于同步，课堂教学就能收到较好的教学效果。教师应该充分了解学生的认知特点和认知水平，尝试着从学生的角度观察和思考问题，从学生的角度来设计问题。在课堂教学中，教师要创设问题情境，激发学生的求知欲。创设问题时应注意问题要小而具体，要新颖、有趣、有适当的难度、有启发性。让学生自己开动脑筋，经过思考后，反复推敲，直到得出结论。这样就把教师的思维活动与学生的思维活动联系到一起，经过教师适时适当地进行启发诱导，师生共同向一个方向思考，某些知识和解决问题的方法就由主导一方传授给了主体一方，教师"教"的过程就变成了学生"学"的过程，学生主体性得以体现，教学目标也能够顺利完成。第三，"教"与"学"的方法要统一。"教"与"学"是教学过程的辩证统一的两个方面，因此，教法与学法属于"同源之水，无本之木"，是一个问题中的两个角度，教法是从如何教的角度来研究的，学法是从怎样学的角度去探索的。教法的本身就包含着学法，渗透着学法指导。教师如果深入了解学的规律及影响学习的可变因素，并以此去指导学生的学，就会发现许多有效的教法。学习是学生自身的认知活动，学生只有采用了符合自己的认知水平和认知规律的学法，才能有效地促进自身知识和智能的发展。当学生掌握了适应终身学习的方法后，他才能学会认知、学会做事、学会共同生活和学会生存，即实现教育的四大支柱。因此，教师要树立"以学定教"的教学方法观。学是教的根据，教法要适应学法，教的规律要符合学的规律。教师的教法不能脱离学生的学法，应主动让自己的教学去适应学生，以学法定教法。

四、建立和谐的课堂教学评价体系

课堂教学评价是对课堂教学质量的综合评定，即以教学目标为依据，对课堂教学设计、施教过程以及教学效果给予价值性的判断，提供反馈信息，使教师努力优化自己的教学过程，完成教学目标。随着新课程改革和素质教育在全国范围内的不断深入展开，传统课堂教学评价的端日益暴露，教师只注重"是否完成认知目标"，忽视学生综合能力的发展；只关注教师在课堂中的具体表现，忽视学生的表现；教学设计过于强调统一性，缺乏灵活性；过于依赖量化评价方法，忽视对质性评价方法的认识与实践等。新课程改革明确提出要改变课程评价过分强调甄别与选拔的功能，发挥评价促进学生发展、教师提高和改进教学实践的功能，建立促进学生全面发展的评价体系和促进教师不断提高的评价体系。和谐的课堂教学需要和谐的课堂教学评价，和谐的课堂教学评价应该体现新课程理念，形成发展性课堂教学评价，促进师生关系和谐、生生关系和谐，促进学生发展和教师提高。

建立和谐课堂教学评价体系不是一件容易的事，它是一项系统而复杂的工程，笔者简单地谈些看法。首先，一定评价体系的主要维度。传统课堂教学评价只把眼光町在教师的具体表现上，使得公开课成为教师的表演秀，忽视了学生的主体性，忽视了学生在课堂上的表现。和谐课堂教学特别强调突出学生的主体性，注重学生学习过程的参与性。因此，确定评价体系的主要维度为：学生、教学过程和教师三个方面。其次，确定一级指标体系。一级指标是指整个课堂教学评价的总体框架内容。可以从教学目标、教学过程、教学方法、教学媒体、教学活动的氛围、教师个人素质等方面去构建和谐课堂教学评价体系的框架。对教师要进行全面评价，不仅要对显性行为（教师在课堂教学中的具体表现），而且要对隐性行为（如教师的职业道德，专业水平，人格力量等）进行评价。再次，确定二级指标体系，二级指标是一级指标范围内容的详细规划，这是整个体系的重点。要以新课程理念为指导，遵循学科特有的教学规律，统筹考虑各方面的因素。评价标准应该用清楚、简练、可测量的目标术语加以表述。

《基础教育课程改革纲要（试行）》指出要"建立促进学生全面发展的评价体系。评价不仅要关注学生的学业成绩，而且要发现和发展学生多方面的潜能，了解学生发展中的需求，帮助学生认识自我、建立自信。发挥评价的教育功能，促进学生在原有水平上的发展"。和谐的课堂教学评价应该体现新课程理念，建立促进学生全面发展的评价体系。笔者就如何建立谈些看法：

（一）评价目标多元化

新课程提出多元化的评价目标，针对学生的评价，其目标应是多元的，而不是单一的。至少应包括以下几个方面的功能：反映学生学习的成就和进步，激励学生的学习；诊断学生在学习中存在的问题，及时调整和改善教学过程；全面了解学生学习的历程，使学生主动参与学习；使学生形成对学习积极的态度、情感和价值观，帮助学生认识自我，树立信心。

（二）评价主体多元化

教学过程是师生、生生互动的多主体参与的过程，因此，在评价时要改变单一由教师评价学生的状况，让学生也参与评价过程。学生自评和学生互评，是实现评价主体多元化的方法之一。让学生参与评价过程与结果的分析，主要是为了让学生通过自我评价提高自主意识、反思能力与学习积极性和主动性，从而更加有效地促进其发展。同时学生自评和互评也是一种非常有效的学习方法，它根源于建构主义学习理论，体现学生的主体性。

（三）评价内容多维度

传统教学评价主要限于学生的学习成绩，和谐课堂教学评价要求以多维视角的评价内容综合衡量学生的发展状况。不仅关注学生的学业成绩，考察"认识"或"概念"等认知层面，同时关注"表现"等行为层面，情感、态度、价值观等情意层面，创新意识和实践能力等能力层面，心理素质、学习兴趣等心理层面的考察。尊重个体差异，注重对个体发展独特性的认可，给予积极评价，发现和发展学生多方面的潜能，了解学生发展中的需求，帮助学生悦纳自己、拥有自信。

（四）评价方法多样化

应针对不同学段学生的特点和具体内容，选择恰当有效的评价方法。对学生知识技能掌握情况的评价，应将量化评价和质性评价相结合，情感与态度方面的评价则主要针对教学过程中对学生的参与和投入等方面进行考察。考试作为一种有效的评价方式，应根据考试的目的、性质和对象，选择不同的考试方法，如辩论、产品制作、论文撰写等开放动态的测评方式。打破将考试作为唯一的评价手段的，要求重视和采用如行为观察、情景测验、成长记录档案袋等质性评价方法。还要将诊断性评价、形成性评价和终结性评价有机结合。只有通过这些评价方法的结合才能准确、公正地评价一个学生，保证评价结果的信度和效用。

本文以剖析传统课堂教学的局限为前提，深入地分析了和谐课堂教学构建的六大理论基础和五大原则，提出了和谐课堂教学构建的五大策略，通过研究和谐课堂教学的构建及策略，寻找使"教"与"学"达到和谐统一的途径，从而减轻学生负担，促进学生基本素质获得全面、充分的发展。教师掌握了和谐课堂教学的构建策略就好比抓住了一把打开课堂教学奥妙之门的钥匙，使自己和学生在课堂教学中能不断前进，不断超越，共同发展。但鉴于笔者能力有限，对和谐课堂教学构建策略研究得不够深入和具体，策略的可操作性还需仔细斟酌，笔者日后将继续努力探究。

参考文献

[1] 王荣生.语文教学之学理 [M].商务印书馆有限公司，2022.

[2] 孙立华.基于核心素养的语文教学实践 [M].北京：线装书局，2022.

[3] 樊洁，崔琼，单云.语文课堂教学创新实践研究 [M].吉林人民出版社，2021.

[4] 方相成，林忠港，毛然馨.语文精准教学原理及案例评析 [M].杭州：浙江大学出版社，2021.

[5] 张泽建.高校大学语文教学现状及改革探析 [J].天中学刊，2008（02）：125-126.

[6] 孙建明.20 世纪前期语文教学模式论略 [J].湖州师范学院学报，2001（01）：72-77.

[7] 王生亮.高校院校语文课程教学的改革 [J].学园，2015（03）：79.

[8] 汪念明.高校语文课程的学科定位 [D].长沙：湖南师范大学，2004.

[9] 张松竹.我国高校院校大学语文教育管理的困境与发展研究 [D].秦皇岛：燕山大学，2013.

[10] 管宣.苏大版五年制高校《语文》完善策略研究 [D].南京：南京师范大学，2013.

[11] 易小会.基于职业汉语能力培养的高校语文教学改革研究 [D].南昌：江西农业大学，2015.

[12] 赵欣.论语文教学中的人格教育 [D].济南：山东师范大学，2006.

[13] 郭立亚.语文课程标准研究 [D].长春：东北师范大学，2003.

[14] 尹友 . 新媒体环境下写作教学研究 [M]. 成都：电子科技大学出版社，2019.

[15] 范开田，范语砚 . 大学语文教育研究 [M]. 吉林出版集团股份有限公司，2019.

[16] 王双同 . 大学语文教育研究 [M]. 北京：中国商务出版社， 2019.

[17] 徐茂成 . 论大学语文教学方法的创新 [J]. 课外语文，2018，（第 25 期）：9.